Maria Gräfin von Linden

Gabriele Junginger (Hrsg.)

Maria Gräfin von Linden

Erinnerungen der ersten
Tübinger Studentin

Attempto Verlag Tübingen

Die Frau soll studieren, weil jeglicher Mensch Anspruch hat auf die individuelle Freiheit, ein seiner Neigung entsprechendes Geschäft zu treiben.

Hedwig Dohm, 1893

Titelbild: Maria von Linden bei der Arbeit im Labor
(Aufnahme aus der Bonner Zeit).

CIP-Titelaufnahme der Deutschen Bibliothek

Linden, Maria Gräfin von:
Maria Gräfin von Linden: Erinnerungen der ersten Tübinger
Studentin / Gabriele Junginger (Hrsg.). – Tübingen :
Attempto-Vlg., 1991
ISBN 3-89308-125-9 NE: HST

Lektorat: Hubert Klöpfer, Tübingen
Satz: Klaus Meyer, Tübingen
Umschlag: Gebhardt Binder, Tübingen
Druck: Rottenburger Druckerei, Rottenburg

Inhalt

Editorische Notiz und Danksagung

Der Edition liegen die Erinnerungen zugrunde, die Maria von Linden im Jahr 1929 ihrem Neffen Friedrich von Linden in die Maschine diktierte und denen sie den Titel »Erlebtes und Erstrebtes eines Sonntagskindes« gab. Freiherr Wilhelm von Linden hat mir das Manuskript mit der Zustimmung seines Bruders Friedrich aus dem Familienarchiv überlassen. Um den Charakter des Originals zu wahren, haben wir nur sehr behutsam in die Orthographie eingegriffen, also auch altertümliche Schreibweisen beibehalten und lediglich die Zeichensetzung, besonders dort, wo sie das Verständnis erschwerte, den heutigen Regeln angeglichen.

Allen, die mich bei der Spurensuche unterstützten, mir mit Sachverstand weiterhalfen und das Projekt förderten, gilt mein herzlicher Dank. Zuallererst danke ich Freiherrn Wilhelm von Linden, der mein Vorhaben mit großer Offenheit aufnahm und mir nicht nur das Manuskript und einige Photos zur Verfügung stellte, sondern mich auch in die Familiengeschichte einweihte. Die Entdeckung der Gräfin Maria von Linden verdanke ich dem Bonner Frauenmuseum. Mein Dank gilt sodann allen Archiven, die mir Einblick gaben und das Bild abrundeten. Herr Zeiher vom Firmenarchiv der Paul Hartmann AG in Heidenheim konnte mir wertvolle medizinhistorische Informationen beschaffen. Herr Hodum vom Stadtarchiv Giengen gab mir Auskunft über die Regionalgeschichte. Herr Dr. Schäfer vom Universitätsarchiv Tübingen beriet mich in editorischen Fragen und überließ mir das Photo der Tübinger Frauenrechtlerin Mathilde Weber. Unverzichtbar war mir die Publikation von Elke Rupp aus dem Jahr 1978 »Der Beginn des Frauenstudiums an der Universität Tübingen«. Frau Professor Hoppe von der Universität München half mir durch ihre fachwissenschaftlichen Auskünfte und ihr profundes Wissen über die Geschichte des Frauenstudiums. Das Stadtarchiv Karlsruhe stellte mir Bildmaterial und Informationen zur Geschichte des Landes Baden zur Verfügung. Mein Dank gilt schließlich Herrn Professor Folkerts, der mir Gelegenheit gab, Maria von Linden im Institut für Wissenschaftsgeschichte der Ludwig-Maximilians-Universität München vorzustellen, und den Teilnehmern und Teilnehmerinnen des Oberseminars danke ich für die Anregungen, die ich durch die Diskussion erhielt.

Den Photographen und Photographinnen des Deutschen Museums danke ich für die Herstellung der Bildvorlagen, Klaus Meyer für den ausgezeichneten Satz und Frau Christiane Pörtner für die sorgfältige Herstellung des Buches.

Mein Dank gilt schließlich allen Förderern, ohne deren wohlwollende Unterstützung die Edition nicht zustande gekommen wäre, insbesondere Herrn Senator Professor Artur Fischer von den Fischerwerken, Tumlingen, der Robert-Bosch-Stiftung, Stuttgart, der Paul Hartmann AG, Heidenheim, sowie der Stadt Giengen und dem Bund der Freunde der Universität Tübingen, die dazu beitrugen, daß dieses Stück Universitätsgeschichte etwas bekannter wird.

Meine Verbundenheit gilt vor allem Ralf Bülow, der mich zu der Edition überhaupt erst anregte, und Hubert Klöpfer, der sich für das Vorhaben gewinnen ließ und sich mit Elan und Geschick für die Realisierung einsetzte.

Geholfen haben mir auch viele Frauen mit ihrem Interesse und der Ermutigung, diesen Ausschnitt aus der Geschichte der Frauenbewegung zugänglich zu machen.

Das Buch möchte ich meinen Eltern widmen, die Geduld und Teilnahme für meine Forschungen aufbrachten.

Gabriele Junginger

Gabriele Junginger

Maria Gräfin von Linden. Eine Wissenschaftlerin ist ihrer Zeit voraus

Wenn heute von den ersten Frauen in der Wissenschaft überhaupt einmal die Rede ist, dann hören wir klangvolle Namen wie Marie Curie oder Lise Meitner, die für preisgekrönte Entdeckungen stehen. Neben diesen ganz großen Forscherinnen freilich, die quasi direkt ins ›Pantheon der Wissenschaften‹ eingingen, wurden und werden die weniger genialen und berühmten, die ihr Leben in den Labors gleichwohl genauso ›selbstlos‹ verbrachten, meistens übersehen oder übergangen. Durchschnittlicher als ihre redlichen männlichen Kollegen waren sie wohl kaum, gewiß hatten sie die gleichen Erfolge und Mißerfolge. Aber ungleich schwerer ist ihre Spur zu finden, weil nämlich kaum eine Biographie oder Wissenschaftsgeschichte ihre Namen erwähnt. Und einigermaßen gründlich müssen wir hinsehen, daß wir dann doch einen Anhalt ihrer Existenz als Wissenschaftlerinnen entdecken und einen Beweis dafür, daß Frauen ›akademisch‹ doch schon früh ›mitgemischt‹ haben. Der Biologin Maria von Linden widerfuhr das Schicksal vieler gelehrter Frauen: auch sie geriet in (unverdiente) Vergessenheit. Dabei markiert bereits der Auftritt der Gräfin eine wichtige Zäsur in der Tübinger Universitätsgeschichte: Zum ersten Mal, nach vierhundert Jahren (!), erkämpfte sich eine Frau einen Studienplatz an der ›männerbeherrschten‹ schwäbischen Alma mater, zum ersten Mal wagte sich hier eine Frau auf das ›frauenfremde‹ Wissenschaftsterrain. Ihr Beispiel, ihre Courage sollten allmählich Schule machen.

Maria von Linden, die sich als Frau nun ausgerechnet die Wissenschaft als künftiges Berufsfeld ausgesucht hatte, fand denkbar ungünstige Bedingungen vor, denn die Wissenschaft war eben bis zur Jahrhundertwende eine reine Männersache. Ausnahmen bestätigten bloß die Regel. Bewies eine Frau gleichwohl ihre wissenschaftliche Begabung, dann war sie meist durch den aufgeklärt-gelehrten Vater gefördert worden. So wie etwa die Arzttochter Dorothea Erxleben (1715–1762), die im Jahr 1744 als erste Frau in Deutschland zur Doktorin der Medizin promovierte, oder die Professorentochter Dorothea von Schlözer (1770–1825), die 1787 (!) den philosophischen Doktortitel erhielt. Erst die Revolutionärinnen von 1848 wollten die Hindernisse beseitigen, die den wissenschaftlichen Ambitionen der Frauen traditionell im Wege standen. Doch die im Jahre 1850 gegründete Frauenhochschule in Hamburg, geleitet von der Schriftstellerin Malwida von Meysenbug, mußte schon nach kurzem Bestehen schließen. Mit dem Scheitern dieses Versuchs wurde hinreichend deutlich, daß in Deutschland erst noch die Bildungsvoraussetzungen geschaffen werden mußten, damit Frauen sich an das Universitätsstudium überhaupt heranwagen konnten. Daher schließlich forderte die Autorin Fanny Lewald (1811–1899) im Jahre 1870, erst einmal die Defizite in der Mädchenbildung auszugleichen, bevor dann an die Gründung von Frauenuniversitäten zu denken sei. Sie sah das Problem nicht in der angeblich mangelnden wissenschaftlichen Begabung der Frauen, sondern allein in ihrer unzulänglichen Schulbildung. Da ihnen nämlich die elementarsten Voraussetzungen fehlten beziehungsweise vorenthalten wurden, konnten Frauen ihre geistigen Fähigkeiten erst gar nicht unter Beweis stellen. Die Reformerin kritisierte insbesondere die herkömmlichen Mädchen-Lyceen, die einzigen Bildungsanstalten für Frauen, als zwar gut gemeinte, aber ganz exklusive Einrichtungen, die nur einer privilegierten Gruppe bürgerlicher Frauen Grundausbildung in einigen Fächern – Geschichte, Erdkunde, Kunst- und Literaturgeschichte der verschiedenen lebenden Sprachen –, aber eben keine rechte Vorbereitung auf die Universität boten. Der Unterricht in den Mädchenklassen sollte gänzlich, so Fanny Lewalds Forderung, dem Niveau der Knabengymnasien angepaßt werden und genauso zur Hochschulreife führen.

Die Lehrerin Helene Lange (1848–1930) ging allerdings noch einen Schritt weiter und forderte, einem eher konservativen Frauenbild verpflichtet, die Autonomie der Frauen im Bildungsbereich. Die gemäßigte Frauenrechtlerin setzte bei der Reform der Lehrerinnenseminare an; in ihren Augen war das die erste Voraussetzung dafür, daß Frauen ihre Erziehung künftig selbst gestalteten. Da Lehrerinnen bis dato ohne wissenschaftliche Ausbildung blieben, wurde der Unterricht an höheren Mädchenschulen üblicherweise von Männern erteilt. Als Vorsitzende des »Allgemeinen Deutschen

Frauenvereins« erreichte Helene Lange, daß 1889 tatsächlich »Realkurse für Frauen« eingerichtet wurden, aus denen dann 1893 die Gymnasialkurse entstanden, die auch Unterricht in den alten Sprachen und Mathematik erteilten, so daß endlich das Abitur abgelegt werden konnte. Für gemäßigte wie radikale Frauenrechtlerinnen bestand gar kein Zweifel, daß die Mädchenschule von Grund auf erneuert werden mußte. Doch entwickelten sie durchaus verschiedene Vorstellungen, wie eine reformierte Erziehung denn aussehen sollte. In Konkurrenz zu den Gymnasialkursen, unter Beteiligung der radikalen Frauenrechtlerinnen Lida Gustava Heymann und Anita Augspurg, gründete der Verein »Frauenwohl« in Hamburg eine Reformschule, die ziemlich freien Erziehungszielen folgte und bereits die Koedukation einführte. Das ›liberale Modell‹ erwies sich jedoch als kurzlebig; die Hamburger Schule mußte bereits 1905 wieder schließen. Die Gymnasialkurse überdauerten dagegen den Ersten Weltkrieg.

Während in anderen Ländern die Schranken für das Frauenstudium längst aufgehoben waren, hinkte Deutschland weit hinter der Entwicklung her. Den Anfang machten die USA: 1850 wurde in Philadelphia das erste Frauencollege gegründet, nachdem die amerikanischen Universitäten sich lange erfolgreich geweigert hatten, Studentinnen zuzulassen. In Europa entstanden solche Frauencolleges 1865 in Oxford und 1869 in Cambridge. Zehn Jahre später konnten Frauen dann auch in London studieren. In Paris waren schon 1863 alle Fakultäten (außer der Theologie) für beide Geschlechter geöffnet. Aber die für Frauen einzige Möglichkeit, an einer deutschsprachigen Hochschule zu studieren, bot sich in Zürich, wo die ersten Hörerinnen bereits 1840 zugelassen wurden und das deswegen als ›Hochburg‹ des Frauenstudiums galt. In Zürich studierten insbesondere viele Russinnen, die der Stadt den Ruf eines anarchistischen Sammelpunktes einbrachten, bis der Zar, auf Ruhe und Ordnung in seinem Reich bedacht, über die Absolventinnen der Zürcher Universität ein generelles Berufsverbot verhängte. Ein besonders exponiertes Beispiel für die fortgeschrittenere Frauenemanzipation in Rußland lieferte die mathematikerin Sonja Kowalewski (1850–1891). Sie ist bekannt geworden als eine der wenigen Frauen, die vor 1900 an einer deutschen Universität studierten. Mit revolutionärem Gedankengut infiziert, ging Sonja Kowalewski zum Studium ins Ausland, erst nach Heidelberg, dann nach Berlin, wo ihr Karl Weierstraß, einer der angesehensten Mathematiker seiner Zeit, Privatunterricht erteilte. Die Universität Göttingen verlieh ihr 1874 den Doktortitel. Da sich die deutschen Universitäten gegen Frauen im Lehrkörper sperrten, folgte sie schließlich einem Ruf an die Universität Stockholm. Mit allen akademischen Ehrungen ausgezeichnet, wurde sie später in die Petersburger Akademie der Wissenschaften aufgenommen.

Die Universität Tübingen war beileibe keine Ausnahme in der deutschen Universitätenlandschaft, sondern Senat, Rektor und Fakultäten schlossen sich auch hier zu einem ›Männerbund‹ zusammen, um den Ansturm der Frauen auf die Hochschule abzuwehren. Nicht von ungefähr war die erste Frau, die in Tübingen um Zulassung zum Studium bat, eine Russin. Alexandra Popowa wollte Medizin studieren und darauf die Promotion ablegen. Nachdem die Universität Zürich für die Untertaninnen des Zaren also versperrt war, mußte sie sich nach einem anderen Studienort umsehen. Ohne stichhaltigen Grund lehnte der Tübinger Senat aber Alexandra Popowas Gesuch 1873 ab. Und die Petition, die der »Frauenverein Reform« 1880 an das Stuttgarter Kultusministerium richtete, um den Zugang der Frauen zum Studium neu zu regeln, scheiterte gleichfalls am Widerstand des Senats. Erst als 1896 in Tübingen eine höhere Mädchenschule eröffnet wurde, erhielten im darauffolgenden Wintersemester 1897/98 drei ihrer Lehrerinnen die Erlaubnis, Vorlesungen in Geschichte zu besuchen. Der Senat beharrte zwar weiterhin auf seiner grundsätzlichen Ablehnung der Immatrikulation von Frauen, mußte sie aber doch als Gasthörerinnen dulden, wenn der Dozent seinerseits nicht dagegen hatte.

In der freundlichen Empfehlung eines gelehrten Mannes lag für eine studierwillige Frau noch lange Zeit die beste Chance zur Zulassung: Wie die Dokumente des Universitätsarchivs zeigen, waren neben den Lehrerinnen, die auf dem damals erfolgsversprechendsten Weg der Frauenbildung an die Hochschule kamen, die Professoren- und Lehrertöchter unter den Studentinnen am stärksten vertreten. Die diskriminierende Praxis änderte sich erst, als 1904 die ersten Abiturientinnen das Stuttgarter Mädchengymnasium (das heutige Hölderlin-Gymnasium, das seit 1899 besteht) verließen und nachdrücklich auf eine akademischen Ausbildung beharrten. Der Minister für Kirchen- und Schulwesen höchstselbst kam den Absolventinnen des Gymnasiums zu Hilfe. Durch sein Machtwort von oben wurde der jahrzehntelange Streit um das Frauenstudium entschieden, und der Senat mußte den Frauen im Mai 1904 ganz offiziell das gleiche Recht auf ein Universitätsstudium zusprechen wie den Männern. Damit war Württemberg nach Baden (das die Immatrikulation im Wintersemester 1899/1900 freigegeben hatte) und Bayern (1903) das dritte Land, das das Frauenstudium einführte. Preußen folgte im Wintersemester 1908/09 mit fünf Jahren Verspätung. Als nun Maria Gräfin von Linden im Jahre 1892 um die Aufnahme in die Universität ersuchte, war die Frage des Frauenstudiums also noch gänzlich ungeklärt. In ihrer Autobiographie, die freilich gerade bloß bis zur Abgabe der Dissertation reicht, schildert die erste Tübinger Studentin die Kämpfe, die sie ausfocht, bis die Universität ihr endlich doch die Erlaubnis erteilte, Vorlesungen zu besuchen, ohne die Gasthörerin jedoch offiziell zu immatrikulieren.

Die Grafen von Linden, aus Lüttich stammend, wurden in katholischer Linie auf die Schwäbische Alb verschlagen, wo Marias Großvater Edmund 1838 von den Grafen von Öttingen den alten Stauffersitz Burgberg mit der Patrimonialherrschaft und allen Privilegien erwarb, deren die Revolution von 1848 die Gutsherren allerdings bald entledigte. Als Geheim- und Hofräte oder gar als Generäle übten die Grafen von Linden gehörigen Einfluß auf die diplomatischen und militärischen Geschicke des Landes aus. So vertrat etwa der Bruder des Großvaters, Joseph von Linden, als Königlich-Württembergischer Minister loyal die Interessen der Krone. Die gräfliche Familie konnte zudem mehrere Gelehrte aufweisen, wie beispielsweise Karl von Linden, ein Onkel Marias, der das Völkerkundemuseum in Stuttgart gründete. Marias Mutter, eine Freiin Hiller von Gärtringen, stammte aus Hechingen. Als der Vater, Oberleutnant Edmund von Linden, aus gesundheitlichen Gründen den österreichischen Militärdienst quittieren mußte, übernahm er die Verwaltung des Gutes Burgberg. Auf diesem Familiensitz am

Rande der Ostalb wuchs die junge Gräfin ziemlich unbehelligt von den Zwängen auf, die einer ›Tochter aus gutem Hause‹ üblicherweise auferlegt wurden. (Ihr Skorpion im Ascendenten, der ihr Kampfgeist und Selbstbehauptungswillen verhieß, mag ihr tatsächlich zu Hilfe gekommen sein – jedenfalls wies sie selber immer wieder darauf hin.) In der Umgebung von Burgberg fand die ›junge Gelehrte‹ ein weites Feld für ihre frühen ›Forschungen‹. Als Schülerin des Victoria-Pensionats in Karlsruhe genoß sie zwar die denkbar beste Erziehung, die ihr damals überhaupt zuteil werden konnte, doch lassen ihre Aufzeichnungen die eklatanten Bildungsdefizite an den überkommenen Mädchenpensionaten deutlich erkennen. Die Mädchen-Lyceen konnten ›höhere Töchter‹ wohl auf das gesellschaftliche Leben vorbereiten, aber als Hinführung zur Universität taugten sie nichts. Nur durch Selbststudium sowie durch intensiven Nachhilfe- und Fernunterricht, den ihr fortschrittlichere Gymnasiallehrer der Knabenschule erteilten, konnte die wache Schülerin die Lücken füllen, die der Lehrplan für Mädchenschulen in Latein und den Naturwissenschaften offenließ. Als sie genügend aufgeholt und das Abiturniveau erreicht hatte, setzte die Universität das zweite Hindernis. Im Gerangel um die Zulassung zum Studium hat die Gräfin in ihrem Onkel Joseph von Linden schließlich einen Verbündeten und Fürsprecher gefunden, der ihre Angelegenheit mit diplomatischem Geschick vertrat, ohne aber seine Distanz völlig aufzugeben. Aus den Briefen »Onkel Bebis« spricht die wohlwollende Herablassung des alten Herrn, gemischt mit Galanterie und einem Anflug von Ironie. Trotz seines geschickten Taktierens konnte der ehemalige Staatsminister, der er war, die Universität nicht dazu bewegen, das Frauenstudium gänzlich neu zu regeln. Wie andere Frauen ihrer Zeit mußte seine Nichte bei den verantwortlichen Institutionen vorsprechen und persönlich um Verständnis werben.

Im November 1892 nahm Maria von Linden als erste Frau und ganz ausnahmsweise ihr naturwissenschaftliches Studium auf, das ganz unter dem Einfluß des Zoologen Theodor Eimer stand. Erst nach dem Tod des Doktorvaters 1898 trat seine Assistentin aus dem Schatten des verehrten Lehrers, der als Lamarckianer nichts von der natürlichen Selektion hielt, sondern von der gerichteten Entstehung der Arten vollkommen überzeugt war. Der Ortswechsel von Tübingen nach Bonn brachte für Maria von Linden eine wissenschaftliche Neuorientierung. Nach Bonn übergesiedelt, wo sie 1899 eine Stelle am Hygiene-Institut antrat und 1908 dann die Leitung des eigens für sie gegründeten Parasitologischen Instituts übernahm, verließ die Zoologin die Sackgasse der Evolutionsforschung. Mit ihren Tierversuchen zur Tuberkulose wandte sie sich jetzt einem der brennendsten medizinischen Probleme ihrer Zeit zu. Die Gräfin glaubte, mit ihrer ›Kupfertherapie‹ endlich ein Mittel gegen die Tuberkulose gefunden zu haben. Sie stützte ihre Meinung auf Erfolge, die sie in Versuchen mit Meerschweinchen erzielt hatte. Doch war die Wirksamkeit des Kupfers gegen Tuberkulose schon zu Lebzeiten der Forscherin umstritten. Erst mit der Entdeckung des Impfstoffes und der Hebung des Lebensstandards wurde diese Krankheit, die ja auch soziale Ursachen hat, zurückgedrängt.

Auf einem Nebenzweig ihrer Forschungen hat die Wissenschaftlerin die antiseptische Wirkung des Kupfers zur Herstellung von keimtötendem Verbandstoff und sterilem Nahtmaterial genutzt. In Zusammenarbeit mit der Firma Paul Hartmann in Heidenheim konnte die Forscherin, die immer wieder in Geldnöten war, ihre Erkenntnisse in ein lukratives pharmazeutisches Produkt umsetzen. Maria von Linden übertrug die Nutzung ihrer Patente der Verbandsstoff-Firma, die sie dafür am Verkaufserlös beteiligte. Das Kupfer-Catgut und der Kupfer-Verbandsstoff, beide von ihr entwickelt, wurden von verschiedenen Krankenhäusern und Ärzten getestet und fanden einigen Anklang. Ihre Forschungen waren begleitet von einer unermüdlichen fachpublizistischen Tätigkeit: Die Liste ihrer Veröffentlichungen zu ihren Jugendthemen, zur Evolution und zur Tuberkuloseforschung ist beachtlich lang. Noch vor dem Ersten Weltkrieg, im Jahr 1910, erhielt sie eine außerordentliche Professur. Offensichtlich brachte es die Bonner Universität aber nicht über sich, ihr auch die Lehrerlaubnis zu erteilen; mochte die wissensdurstige Gräfin ruhig für sich forschen. Eine lehrende Frau, zu deren Füßen die Studenten säßen, wurde nicht toleriert. Die außerordentliche Professorin wurde zudem nur vorläufig geduldet – bis eben die Nationalsozialisten nach dem »Gesetz zur

Wiederherstellung des Berufsbeamtentums« sie ihres Amtes enthoben. Zum Verlust ihres Instituts kam noch hinzu, daß sie Schloß Burgberg, dessen Erbin sie nach dem Tod des Vetters unerwartet geworden war, nicht unterhalten konnte und im Jahr 1936 als Familiensitz konsequenterweise aufgeben mußte. Die nun heimatlose Gräfin emigrierte ins Fürstentum Liechtenstein, wo sie am 26. August desselben Jahres in Schaan bei Vaduz an einer Lungenentzündung starb.

Maria Gräfin von Linden, Tübingens erste Studentin, war sich wohl darüber im klaren, daß engagierte Frauen ihr Experiment gespannt verfolgten und auch einige Erwartungen in sie setzten. Die schwäbische Frauenrechtlerin Mathilde Weber, die neben ihren anderen bekannten sozialen Aktivitäten auch für die Zulassung der Frauen zum Studium eintrat, half ihr etwa aus ihren finanziellen Schwierigkeiten. Mit dem Stipendium des »Allgemeinen Deutschen Frauenvereins«, das ihr Frau Weber verschaffte, konnte Maria von Linden ihr Studium bewältigen beziehungsweise finanzieren. Doch war die junge Gelehrte wohl zu sehr von der Wissenschaft eingenommen, als daß sie sich für die Sache der Frauen im allgemeinen stark gemacht hätte. Indem sie selber alle weiblichen Klischees von sich wies, zeigte sie fortschrittliches Bewußtsein; doch reiht sie sich nicht ohne weiteres in die Frauenbewegung ein. Die Gräfin hatte sich mit Leib und Seele der Wissenschaft verschrieben, was sich mit der traditionellen Frauenrolle nicht vertrug. Nur indem sie sich assimilierte, konnte sie als Forscherin an der Männeruniversität bestehen: Sie trug Herrenhüte und Krawatten und ›tarnte‹ sich so in einer Umgebung, in der eine Frau auffallen mußte. Hinter der männlichen Maske, die sich sich zulegte, konnte sie ungestörter ihren wissenschaftlichen Interessen nachgehen, die sich für eine Frau ›eigentlich‹ nicht schickten. Stets darauf bedacht, sich als Pionierin auf dem Neuland der Wissenschaft zu bewähren, konnte sie sich den Luxus kritischer Reflexion kaum leisten. Daher wahrscheinlich kam es ihr nicht in den Sinn, aus der Sicht einer Frau einen besonderen Beitrag zur Wissenschaft zu leisten oder auch nur eigene Fragen an die Forschung heranzutragen. Wie andere Wissenschaftlerinnen der ersten Generation machte sie sich unter der Beweislast, daß Frauen an der Universität überhaupt etwas bewirken können, die männlichen Standards (leider) völlig zu eigen. Indes hat die schwäbische Gräfin bewiesen, daß Wissenschaft eben doch Frauensache ist. Und den Forscherinnen, die ihr allmählich folgten, hat sie die ›Laufbahn‹ geebnet.

Maria Gräfin von Linden

Erlebtes und Erstrebtes eines Sonntagskindes

Vorwort

Schon lange hatte ich mir vorgenommen, meine Erinnerungen zu schreiben, aber nie kam dieser Enschluß zur Ausführung, weil mir die Zeit zu solcher Arbeit zu kostbar erschien und ich mir als den einzig richtigen Moment, um sich mit seiner Vergangenheit zu befassen, den Zeitpunkt vorstellte, wo man, nur noch halb arbeitsfähig, der Menschheit nichts Besseres mehr bescheren kann als einige ergötzliche und für manche Menschen auch interessante, ja vielleicht sogar lehrreiche Erlebnisse und Erfahrungen.

Mit diesem Zuwarten und den richtigen Augenblick Abpassen ist es aber so eine Sache, denn wer weiß, ob einen einmal eine solche Periode des otium cum dignitate von Sein und Nichtsein trennen wird. Deshalb ist es doch sicherer zu beginnen, solange es noch Tag ist, um so mehr, als ernsthafte Menschen, die meinen Werdegang verfolgt haben, der Ansicht sind, daß es schade wäre, wenn von mir und meinen Erlebnissen einst gar nichts mehr übrig bliebe, als was in Fachzeitschriften vergraben liegt.

Ich gebe diesem Wunsch um so lieber nach, als ich vorwiegend Ergötzliches zu berichten habe, meine Mitwelt nicht allzusehr zu compromittieren brauche und deshalb nicht ungern die Bilder der Vergangenheit an mir vorüberziehen lasse, denn wie es sich für ein Sonntagskind ziemt, so war mein Erdenwallen ein von freundlicher Sonne erhellter Spaziergang auf dem Planeten Erde, auf guten und auch auf schlechten Wegen, und zog des öfteren eine Wolke auf, die einen unliebsamen Guß versprach, so blitzte auch bald wieder dahinter ein glänzender Strahl unserer Licht- und Wärmespenderin, der Frau Sonne, auf. Dies Spiel des Schicksalswetters ist ja bei allen Menschen zu beobachten, nur sind manche für die Lichtblicke, andere für die Regenschauer empfänglicher. Ich gehöre jedenfalls zu den Glücklichen mit der wasserdichten Haut, die den Regen abschütteln und schon wieder trocken sind, ehe noch die Sonne lacht. Das ist meine Anlage und mir als kostbares Erbe von meiner Mutter überkommen.

Bonn, April 1929

Geburt und Abstammung

Meine Wiege stand in einem alten Stauferschloß, hoch oben auf einem schroffen Kalkfelsen, der »Burgberg« genannt, auf dem südöstlichen Vorbergszug der Rauhen Alb, im schönen Schwabenland.

Das im zwölften Jahrhundert von den Hohenstaufen erbaute Schloß beherrscht ein liebliches Wiesental, das von einem klaren Bach, der »Hürbe«, in vielen Windungen durchflossen wird, rechts und links von saftigen blumenreichen Wiesen begrenzt. Von den Fenstern des Zimmers, in dem ich das Licht der Welt erblicken durfte und in dem sich meine Kindheit abspielen sollte, hatte man eine weiten Blick in die Ferne, über fruchtbare Auen und Wälder, auf Hügel, einstmals mit Burgen gekrönt, deren Ruinen von ihrer mächtigen Ausdehnung und Stärke zeugen. Die alten Karten veranschaulichen noch, wie auf den Talstraßen raublustige Ritter und für ihr Gut besorgte Kaufleute in Rüstung und Wehr einherziehen.

Das Bild, das mein Kinderauge traf, erzählte also von dem Leben und Treiben der Ritter, von üppiger, farbenprächtiger Natur, die sich in einer endlos erscheinenden Ferne verlor und in mir die Sehnsucht weckte, den Zugvögeln zu folgen.

Zum ersten Mal 1183 als »Burchberch« und staufisches Allod geschichtlich genannt, kam das Schloß wohl nach dem tragischen Tode Konradins an die Grafen von Öttingen. Es folgen sich im Besitz eine Reihe von Geschlechtern, unter denen den Herrn von Grafeneck, die das Schloß als Lehen 1435 erhielten, von Kaiser Friedrich III. das Privilegium erteilt wurde, das Schloß als Asyl für Verfolgte zu benützen. Nach dem Aussterben der Grafenecks 1728 waren in den nächsten hundert Jahren die Thurn und Taxis und die Öttingen-Wallerstein Herrn auf Burgberg, bis im Jahre 1838 meine Großeltern sich diesen schönen Fleck Erde aussuchten, um ihn zum dauernden Sitz der Familie zu machen.

Das mit dem Schloß verbundene Asylrecht hatte zur Folge, daß sich viel fahrendes Volk einstellte, das von den Herren des Schlosses im Dorf angesiedelt wurde: Vertreter der freien Künste und Kesselflicker, meist aus dem Südosten des Reiches, aus Ungarn und Böhmen, vereinzelt auch echte Zigeuner, deren Typ noch heute erhalten ist. So kam da ein geniales Völkchen zusammen, das immer im Gegensatz zu den solid schwäbischen Einwohnern der umliegenden Dörfer stand, farbenfroh und redegewandt, hochmusikalisch und leichtlebig, liebenswürdig, aber ebenso leicht Versprechen und Zusagen vergessend.

Meine beiden Eltern entstammten der schwäbischen Ritterschaft. Die Familie meines Vaters aber entspringt laut holländischen Urkunden einem alten niederländischen Adelsgeschlecht, dessen Wiege in Geldern gestanden hat und dort im Jahre 1120 bereits genannt wird. Seit dem Jahre 1650 waren die Lindens außer in Holland und Belgien auch am Mittelrhein ansässig, und erst mein Urgroßvater wanderte weiter nach Süden und kaufte sich im württembergischen Schwarzwald an.

Während nun die Erbanteile, die mir aus den Vorfahren meines Vaters überkommen sind, unter den verschiedensten Himmelsstrichen herangereift waren, ist die Familie meiner Mutter in Württemberg und im Elsaß bodenständig gewesen, die Freiherrn Hiller von Gärtringen waren seit Jahrhunderten in Württemberg begütert und standen in Staatsdiensten.

Bei meiner Geburt war meine Mutter 32, mein Vater 36 Jahre alt. Erstere, die sich in späteren Jahren durch eine außergewöhnliche Leistungsfähigkeit auszeichnete, war damals viel leidend. Auch mein Vater war von zarter Constitution, gehörte aber, wie auch meine Mutter, zu den Gerten, die sich biegen, aber nicht brechen. Mit 15 Jahren war er in österreichischen Militärdienst getreten. Seine durch einen schweren Typhus und vorangegangene Malariainfection geschwächte Gesundheit veranlaßte ihn, als Oberleutnant den Dienst zu quittieren und, dem väterlichen Wunsche folgend, die Verwaltung des Familiengutes Schloß Burgberg zu übernehmen.

Von Charakter und Temperament waren meine Eltern sehr verschieden. Meine Mutter optimistisch, stets vergnügt und heiter, nicht leicht aus ihrem seelischen Gleichgewicht zu bringen, die personifizierte Güte, voll Hingebung für ihre Familie, in allen Dingen großzügig. Mein Vater dagegen geneigt, das Leben von der schwe-

Schloß Burgberg (gemalt von F. Baier, 1860).

ren Seite zu nehmen, leichter erregbar, schnell deprimiert, ausdauernd und fleißig bei der Arbeit, aber nicht so zäh in Verfolgung seiner Ziele wie meine Mutter, die sie bei aller Leichtlebigkeit nie aus dem Auge verlor, auch wenn Hindernisse zu überwinden waren. Sein nach unseren Begriffen nicht zu übertreffender Ordnungssinn machte uns Kindern – meinem vier Jahre älteren Bruder Wilhelm und mir – einen überwältigenden Eindruck. Auf seinem Schreibtisch stand jede Kleinigkeit, so lange ich mich zurückerinnern kann, stets an demselben Platz, bis zu dem roten Bleistift – mein alljährliches Weihnachtsgeschenk an meinen Vater –, der mich besonders reizte, der aber durch seine exponierte Lage unerreichbar war.

Mein Bruder und ich hatten somit die Wahl unter recht verschiedenen elterlichen Anlagen und Eigenschaften. Meinem Bruder ward die weniger glückliche Combination zwischen Vater und Mutter zuteil. Ich aber griff nach dem glücklichen Temperament, dem Lebensmut und der Lebensenergie meiner Mutter, dem sich von väterlicher Seite vielleicht etwas mehr System, aber auch mehr Egoismus zugesellte.

Schon unter gutem Omen hielt ich meinen Einzug in die Welt, in der ich mich nun häuslich einrichten sollte. Es war am 18. Juli 1869, an einem heißen, sonnigen Sonntagnachmittag um drei Uhr, als ich unter dem festlichen Glockengeläut des »Salve regina« zum Erdenbürger erwachte. Zum Tagesregenten hatte ich mir also die strahlende Sonne gewählt, zum Jahresregenten den kriegerischen Mars, und mein Ascendent war das achte Zeichen des Tierkreises, der Skorpion. »Menschen, die den Skorpion zum Ascendenten haben,« sagt der Astrologe, »sind sehr streitsüchtig, haben einen starken eisernen Willen, sind fleißig, kühn und etwas kriegerisch veranlagt.« – So lautete meine astrologische Prognose.

Meine Geburt ging, wie von sachverständiger Seite hervorgehoben wurde, glatt und schnell vonstatten. Kaum hatte ich meiner im Garten weilenden und die ersten Johannisbeeren pflückenden Mutter den Wunsch zu erkennen gegeben, ein selbständiges Dasein beginnen zu wollen, als mir schon nach einer halben Stunde die Erfüllung ward, denn von Anfang an konnte mir meine gute Mutter keinen Wunsch versagen.

Hoch erfreut über solches Entgegenkommen, trat ich, wie mir die weise Frau, die mir den ersten Liebesdienst in meinem Erdendasein geleistet hat, berichtete, nicht kläglich brüllend, sondern mit einem fröhlichen Juchzer und lachenden Auges ins Leben. Das Exterieur: rosig, dick und fett. Der Frohsinn ist geblieben, während die Körperfülle zum Leidwesen meiner Umgebung mit zunehmender Reife mehr und mehr schwand, so daß ich als erblühte Jungfrau nicht zu Unrecht in meiner weiteren Familie den Kosenamen »Haut- und Knochenbäsle« trug.

Wie bei Till Eulenspiegel, so war auch bei mir das erste Ereignis, das für mein späteres Leben in seinen Consequenzen in gewissem Sinne prognostisch wurde, meine Taufe. Von der heiligen Ceremonie selbst weiß ich nur, was mein Bruder, dem dieses Fest einen sehr großen Eindruck machte, davon erzählte. Er bezeichnete mir noch genau den Platz, auf dem die feierliche Handlung sich vollzogen hatte, das Fußbodencaro im Zimmer, wo der Altar stand und wo er an der Hand unseres Vaters, der ihn ermahnte, still und artig zu sein, zusehen durfte.

Die heilige Handlung hatte aber ein Nachspiel, und zwar kein ganz gewöhnliches. Es war damals Vorschrift, daß die Taufe in der Dorfkirche vorgenommen wurde, Haustaufen wurden nur unter gewissen Bedingungen gestattet. Der Weg vom Schloß in die Pfarrkirche war aber ziemlich weit, und da im Juli die Hitze groß war, so wurde der Patronatsgeistliche gebeten, im Schloß zu taufen. Auf diese Weise konnte auch meine der Schonung bedürftige Mutter der heiligen Handlung beiwohnen. Der Patronatsgeistliche entsprach auch dem Wunsch meiner Eltern, erstattete aber nach vollzogener Handlung Anzeige gegen sie. Da ein ärztliches Zeugnis beigebracht werden konnte, daß der Gang zur Kirche mein zartes Leben in Gefahr gebracht hätte, so wurde meinem Vater Recht gegeben, es ist aber bezeichnend für mein späteres Leben, daß schon beim Überschreiten der ersten Schwelle, die mich noch von der mich umgebenden Gesellschaft trennte, ich die unschuldige Ursache von Streit und Hader wurde – aber über das Schema F triumphierte.

Das erste Ereignis, welches in meinem Gedächtnis haften blieb, war meine Impfung, die wegen Pockengefahr, als ich zwei Jahre alt war, wiederholt werden mußte. Überzeugt von der Notwendigkeit

Die Mutter, Eugenie Freiin von Gärtringen.

der Schutzimpfung, schleppte ich unserem guten Doktor meine Puppe herbei, ein mit Tricotstoff überzogenes Monstrum, und bat ihn, auch diese zu impfen. Selbstverständlich und zu meiner großen Freude ging unser freundlicher Doktor darauf ein, und ich erinnere mich noch ganz deutlich, wie ich die geimpfte Puppe zum Trocknen auf den Ofen legte.

Ich war für meine Umgebung nicht sehr schwierig, da ich mich stundenlang, ohne zu erlahmen, mit mehr oder weniger geistreichen Dingen unterhalten konnte und nach keiner abwechslungsreicheren Tätigkeit verlangte. So erinnere ich mich noch sehr gut, daß ich ungefähr im Alter von vier Jahren Vormittage hindurch an unsrem Baukasten saß und Bauten aufführte. Nach Vorlagen zu bauen, liebte ich nicht, ich war offenbar zu faul und zu bequem, mich in Andere hineinzudenken, vielleicht hatte ich auch damals schon mehr Freude am selbständigen Arbeiten und am Spielenlassen der eigenen Phantasie. Meine Bauten blieben deshalb auch immer sehr einfach. War das Wetter schön und war ich müde vom Herumrennen, so beschäftigte ich mich mit Vorliebe mit dem Suchen von Versteinerungen im Kies der Gartenwege. Mein Urgroßvater Hiller hatte eine schöne Petrefactensammlung, meine Mutter kannte daher die seltsamen Formen, die in dem Jurakies sehr häufig sind, und machte mich darauf aufmerksam. Ich trug nun alles zusammen, was ich an Versteinerungen finden konnte, und schenkte sie meiner Mutter, die ihrerseits alles, was von ihrem »Engelein« kam, sorgsam aufbewahrte. Als ich in späteren Jahren selbst eine Petrefactensammlung anlegte, übergab mir meine Mutter eine Menge sehr hübscher Sachen, die ich als kleines Kind im Kies gefunden und ihr geschenkt hatte, denn alles, was ich schön fand, sei es Steine, Blumen, Beeren oder was immer, brachte ich der Maman, die ich von klein an abgöttisch liebte. So war sie auch die häufigste Besitzerin des »Bollermannes«, einer Porzellanfigur aus Königlich Meißen, einen Mann mit langen Haaren darstellend. Dieser Mann war mein Ideal, und zwar aus der Überlegung heraus, daß ich trotz meiner langen Haare, die mir immer als einziges Hindernis zum Bubwerden bezeichnet wurden, mit der Zeit doch ein Mann wie der Bollermann werden könnte. Diesen Bollermann verlieh ich auf Zeit an Menschen, denen ich besonders zugetan war.

Ihn rettete ich durch alle Stürme hindurch, und er steht heute in meinem Schreibzimmer, als Wahrzeichen dafür, daß auch langes Haar männliches Tun nicht ausschließt.

Meine größte Wonne war, mit »Maman« in den Wald zu gehen, wo sie mir alle Pflanzen und Tiere zeigte und nennen mußte; wurde ich bei diesen Exkursionen zu müde, so schleppte sie mich auf dem Rücken nach Hause. Am liebsten ging ich ganz allein mit ihr, denn mein Bruder interessierte sich nicht immer für die Dinge, die mich interessierten, und machte dann Bemerkungen, die mich zu Tränen ärgern konnten.

Von ganz klein an hatten wir Bonnen aus der französischen Schweiz, um uns von Anfang an mit dem Französischen vertraut zu machen, das in der Familie als zweite Umgangssprache gepflegt wurde. Als einmal ein Bonnenwechsel eintrat, ich werde ungefähr vier Jahre alt gewesen sein, beschwerte ich mich über die Nachfolgerin, weil sie keine Pflanzen kenne. Dieser Mangel der naturwissenschaftlichen Ausbildung hinderte nicht, daß ich mich nach einiger Zeit ausgezeichnet mit ihr verstand.

Verkehr mit anderen Kindern hatten wir, solange wir ganz klein waren, sehr wenig. Wir waren eigentlich ganz auf die Kinder des Verwalters angewiesen, mit denen wir uns im Garten und im Hof tummelten und die auch zu uns kamen. Unsere Spielkameraden hießen Adolf, Karl und Friedrich. Adolf war nahezu gleichaltrig mit mir, die beiden anderen waren jünger. Später wurde auch noch ein Mädchen, das Mariele, geboren, die meine ganze Abneigung besaß, einmal weil ich kleine Kinder nicht leiden konnte, und besonders weil sie ein Mädchen war. – Außerdem wurde sie als Jüngstes sehr verzogen. Wenn ein neues Verwalterskind erschien, so wurde uns jedesmal gesagt, der Storch habe es gebracht. Bei Karl hielt ich dies für möglich, bei Friedrich für unwahrscheinlich und bei Mariele erklärte ich bei Tisch sehr entrüstet, ich wüßte ganz genau, daß Menschen die Kinder bekämen, wie die Bella ihre Junge. So ganz genau war ich über diesen Punkt in der Naturgeschichte aber doch noch nicht orientiert, denn als ich bald darauf mit meinem Vetter und meiner Cousine im Garten in der Laube zusammen saß, sagte ich: »Ich möchte nur einmal die Eier von der Bella sehen«, was große Heiterkeit bei den erheblich älteren Verwandten hervorrief.

Im Dorf verkehrten wir ab und zu mit der sehr netten Familie des Müllers Danner, der zwei in meinen Augen schon sehr alte Töchter – sie mochten damals 16–18 Jahre alt gewesen sein – hatte. Danners luden uns bisweilen mit der Frau des Verwalters und unserer Bonne zum Kaffee ein, wo es herrlichen Kuchen und Waffeln gab. Das war immer ein großes Fest, und ich sehe mich noch im Schlitten sitzen, mit einem weißen Plüschmäntelchen und Plüschmützchen angetan. Beim Kaffee wurde von dem Gedeihen der Kinder gesprochen, und die Verwalterin erzählte strahlend, welch große Mengen ihr Sohn Adolf vertilgen könne. Alles staunte über die Leistungsfähigkeit des Erstgeborenen, da unterbrach ich die eingetretene Stille mit den Worten: »Fresser werden nicht geboren, sondern erzogen.« Ich hatte das Talent, mich durch derartige Aussprüche beliebt zu machen. Ich kann mich jedoch nicht erinnern, daß mir solche Dicta übel vermerkt worden wären. Ich glaube, daß das Erstaunen der Anwesenden zu groß und mein triumphierendes Gesicht zu drollig war, um Abwehr zu erzeugen.

Mit meiner Großmutter in Stuttgart verstand ich mich freilich gar nicht. Sie reizte mich zum Widerspruch, auch fühlte ich mich in ihrer Umgebung ungemütlich, obwohl ich bei anderen nicht schüchtern war. Zum Teil kam das daher, weil wir in ihrer Gegenwart sehr artig sein mußten, noch mehr, weil sie mich zum Stricken und anderen weiblichen Arbeiten anhielt, ich wollte aber doch ein Bub sein und hatte zu allem weiblichen Tun sehr wenig Neigung. So wurde ich auch zu Weihnachten von ihr des öfteren mit sehr schönen Puppen bedacht. Die letzte bekam ich mit fünf oder sechs Jahren, es war ein in Schwarzwälder Tracht gekleidetes Bauernmädchen, das die Augen öffnen und schließen konnte. Obwohl mir diese Fähigkeit großen Eindruck machte, so erklärte ich doch in kategorischer Weise: »Wenn ich noch einmal eine Puppe bekomme, so schmeiß' ich sie zum Fenster hinaus!« Das half, denn von da an wurde ich wirklich mit Puppen verschont, und das nächste Christkindle brachte mir ein herrliches Rittergut mit einer Menge Kühe, Pferde und Schafe. Mit Puppen konnte ich nichts anfangen, meine Phantasie war nicht geneigt, sie zu beleben. Die weniger wertvollen wurden aufgeschnitten, und sehr enttäuscht waren wir, mein Bruder und ich – bei solchen Sectionen pflegte mir mein Bruder mit großem Eifer zu assistieren –, wenn aus den Eingeweiden nur Sägmehl heraus kam. Diesem Hang, unsere anatomischen Kenntnisse zu erweitern, sollten aber die wertvolleren Puppen nicht zum Opfer fallen, und so wanderten sie in das »Spielkämmerle«, wo alle nicht immer gebrauchten oder schonungsbedürftigen Spielzeuge aufbewahrt waren. Das hübsche Schwarzwälder Kostüm wurde später von meine Lieblingskatze Souris getragen, wenn sie als Affe auftreten mußte.

Trotz der geringen Zuneigung zu meiner Großmutter freute ich mich schon das ganze Jahr auf die Wintermonate, die wir in Stuttgart im großmütterlichen Hause verlebten. Vetter und Cousine, die zwar um acht beziehungsweise sechs Jahre älter waren als ich, bildeten den Anziehungspunkt und dann auch die Stadt mit allem, was da zu sehen war. Kurz vor Weihnachten wurde die Reise unternommen, die schon tagelanger Vorbereitungen bedurfte, um alles, was wir nötig hatten, in große Koffer zu verpacken. Schließlich waren die Koffer geschlossen, und man konnte sich darauf setzen und so den Zeitpunkt der Abfahrt abwarten. Wir mußten an diesem Tag sehr früh aufstehen, da die Verbindung nach Stuttgart in den ersten Jahren, als diese Bahnstrecke noch nicht fertig ausgebaut war, nicht sehr bequem genannt werden konnte. Wir mußten mit dem Wagen oder Schlitten, je nachdem der Schnee lag, bis zur Oberamtsstadt Heidenheim fahren, wo wir Anschluß an die Eisenbahn hatten. Diese Fahrt dauerte annähernd zwei Stunden, und wir wurden zu dieser Expedition eingepackt, als ob es gelte, den Nordpol zu erreichen. Ich erinnere mich noch gut der sehr hübschen hohen Samtstiefel, die mit Pelz gefüttert waren und in die unsere Beinchen versenkt wurden. Diese Fahrt nach Heidenheim soll mir in der Regel schlecht bekommen sein, aber das Mittagessen in Aalen, wo Zugwechsel und längerer Aufenthalt war, gab meinen Lebensgeistern wieder die nötige Stärkung. Bei der Ankunft in Stuttgart winkten uns außerdem so herrliche Genüsse, wie Kaffee mit Laugenbrezeln und Butter, daß ich gern etwas Seekrankheit in Kauf nahm, um dieses Ziel zu erreichen. Waren wir glücklich in der Bahn, wo in den kleinen eisernen Öfen ein lustiges Holzfeuer prasselte und eine wütende Hitze ausstrahlte, lösten sich sehr schnell die Kälte-Hemmungen, und es fand sich für mich immer eine Gelegenheit, meinem Temperament seinen Lauf zu lassen, zum Ergötzen der Mitreisenden. Als ich älter war und schon schreiben konnte, verbrachte ich die Zeit damit, die Stationen aufzuschreiben, und war sehr unglücklich, als mir mein Heft mit diesen wichtigen Aufzeichnungen und mit, meiner Meinung nach, herrlich gelungenen Blumenzeichnungen in den Spalt zwischen Fenster und Wagenwand hineinrutschte und alle Anstrengungen, es wieder herauszuholen, fruchtlos blieben.

In Stuttgart angekommen, wurde nach dem Laugenbrezel-Kaffee, dem die Begrüßung der Großmutter vorausgegangen war, mit Vetter und Cousine gespielt und [wurden] die verschiedenen Hunde – Lulla, Bella und Ami – begrüßt. Dann kam das Abendessen, und darauf wurde man bald in das Bett gesteckt, um sich nach den großen Reisestrapazen gründlich auszuschlafen.

Die Stuttgarter Freuden waren für mich durch die Anwesenheit der meinem Wesen und meinen Neigungen zu wenig Rechnung tragenden Großmutter etwas gedämpft. Namentlich war es mir eine sehr große Überwindung, der Großmutter Guten Morgen zu sagen, wenn sie noch zu Bett lag. So, mit der weißen Nachthaube bekleidet und dem scharfen, strengen Gesicht, stellte ich mir den Wolf im Rotkäppchen vor, als er die Großmutter nachmachte. Aber es half nichts, dem Gutenmorgensagen konnte man nicht entgehen, wenn nicht Übelbefinden meine Großmutter verhinderte, die Enkelcour abzuhalten. Da hatte ich einen glänzenden Einfall. Mit meinem Taschengeld, das im Monat vielleicht 30 Kreuzer betrug, kaufte ich mir eine Negermaske. Diese setzte ich den folgenden Morgen beim Gutenmorgensagen auf und betrat in dieser Verkleidung brummend das großmütterliche Schlafgemach. Sowohl meine Großmutter wie ihre Jungfer Frieda gingen auf den Scherz ein, und ich war selig, nun eine Verkleidung gefunden zu haben, die mich von dem mir so ungemütlichen Schlafzimmer-Milieu so gewiß abschloß. Auch die folgenden Tage barg ich mein Gesicht hinter der Maske, allein meine Großmutter, die den tieferen Grund der Verkleidung nicht ahnte, fand den fortgesetzten Scherz langweilig und sagte meiner Mutter, sie möchte mich veranlassen, die Maske nicht mehr aufzusetzen, da sie mein frisches Kindergesicht lieber sehe als den scheußlichen Neger. Ich sträubte mich aber mit Händen und Füßen und erklärte, ohne Maske überhaupt nicht mehr zur Großmutter gehen zu wollen. Vorerst blieb es dabei, hörte aber bald auf, casus belli zu werden, da meine Großmutter leidend wurde und auf den Enkelbesuch verzichtete.

Eine sehr große Zuneigung besaß ich dagegen zu dem Bruder meiner Mutter, dem Onkel Ferdinand. Er verstand es vortrefflich, auf uns einzugehen, und erfreute uns fortgesetzt durch kleine Geschenke, was wir ihm sehr hoch anrechneten, da wir nicht verwöhnt waren. Die Freigiebigkeit Onkel Ferdinands ermöglichte es uns, ab und zu eine Brezel zu kaufen oder einen Bleistift, der unsere Lust gar zu sehr reizte. Da wir unser Taschengeld eigentlich nur verwendeten, um Geschenke zu machen, so waren uns derartige Extraeinnahmen, die wir ganz für uns verwenden konnten, sehr erwünscht. Auch dadurch, daß Onkel Ferdinand meine Mutter, seine einzige Schwester, zärtlich liebte, hatten wir sehr großes Zutrauen zu ihm, ich nahm es ihm auch nicht übel, wenn er mich meiner tiefen Stimme wegen ein »fürchterliches Frauenzimmer« nannte. Onkel Ferdinand verkehrte ziemlich häufig bei unserer Großmutter, und ich freute mich immer, wenn ich seiner Ulanenuniform ansichtig wurde.

Mit der Stuttgarter Cousine und meinem Vetter stand ich sehr gut. Sie hatten ihre Eltern früh verloren und wurden ganz im Hause der Großmutter erzogen unter der Vormundschaft des jüngsten, unverheirateten Bruders meines Vaters. Das Verhältnis zu meiner Cousine war das wie zu einer älteren Schwester. Niemand konnte uns so schöne Geschichten und Märchen erzählen wie Mimmi, ihr verdanke ich auch meine ersten Kenntnisse im Lesen und Klavierspielen. Die ersten Worte, die ich lesen lernte, waren Tor und Tür, und ich weiß noch gut, welche Mühe es mir gemacht hat, diese Buchstabencomplexe als Wortbilder mit bestimmter Bedeutung meinem Gedächtnis einzuprägen. Ich war damals schon sechs Jahre alt und sollte nach der Rückkehr nach Burgberg regelrechten Unterricht bekommen. Bei diesen Vorstudien in Stuttgart handelte es sich um kein regelrechtes Lesen, d. h. nicht um ein Zusammensetzen von Buchstaben zu einem Wort, sondern um das sich Einprägen von Wortbildern, vielleicht sogar um ein Auswendiglernen von Worten, die ich wahrscheinlich, wenn ich sie an einem anderen Ort oder mit anderen Wörtern untermischt gesehen hätte, nicht mehr erkannt haben würde. Jedenfalls bekam ich einen großen Respekt vor all den Dingen, die mir zu lernen nun bevorstanden.

Meine ziemlich schnell erlernte musikalische Leistung war, die Melodie »Oh du lieber Augustin« mit einem Finger zu spielen. Nach dem Vergnügen zu urteilen, das mir dieser Musikunterricht machte, hätte man annehmen müssen, daß sich in mir ein musikalisches Genie verborgen hielt.

Mein Vetter Edmund machte sich weniger um meine Geistes- als um meine Charakterbildung verdient, als er mich sehr viel neckte, was ich in der Regel sehr genoß. Meine Großmutter sagte zum Scherz, ich müsse meinen Vetter später heiraten. Ich willigte unter der Bedingung ein, daß ich jeden Tag Rehbraten und Champagner bekäme, und mein Vetter knüpfte an den großmütterlichen Vorschlag die Bedingung, daß ich Harfe spielen müsse.

Mit sechs Jahren begann mein Unterricht. Er wurde mir von dem Dorfschullehrer erteilt und fand, wie ich mich zu erinnern glaube, in der allerersten Zeit nur zwei- oder dreimal in der Woche statt. Lehrer Fischer, der das zweifelhafte Glück hatte, mich wildes Fohlen zuzureiten, war ein ebenso guter Lehrer wie Pädagoge und dazu ein hochgebildeter, kluger und liebenswürdiger Mann und guter Gesellschafter. Die ersten Stunden bestanden in Anschauungsunterricht. Ich sollte ein Bild beschreiben und hatte keine Ahnung, an welchem Zipfel ich anfangen sollte. Ich kann mich heute noch in die unangenehme Situation versetzen, eine Menge zu sehen und es nicht ordnen zu können. Die ersten Schreibübungen bestanden im Strich machen, eine Tätigkeit, die mir Spaß machte, obwohl man schon damals annehmen konnte, daß ich diese Fertigkeit nur bis zu einer mittelmäßigen Vollkommenheit ausbilden würde. Ich habe dann im Laufe der Jahre eine ganze Anzahl von Schönschreibeheften nachgeschrieben, ohne den Erfolg, den Lehrer und Eltern sich davon versprochen hatten. Beim Lesenlernen war ein großes Hindernis, daß ich komponierte, d. h. andere Wörter las, als dastanden, die aber dem Sinne nach hereinpaßten, es fiel mir außerordentlich schwer, ohne solche persönlichen Zutaten ein Lesestück zu absolvieren. Nach der Aussage meines Lehrers lernte ich leicht, ich selbst aber hatte den Eindruck, daß es ganz von den Tagen abhing. Manchmal flog mir alles zu, ohne daß ich mich anstrengte, an anderen Tagen hatte ich das Gefühl, mich durch einen zähen Brei durcharbeiten zu müssen. Im allgemeinen hatte ich aber an den Stunden von Lehrer Fischer große Freude, besonders, weil er es sehr gut verstand, auf meine Interessen einzugehen, die sich sehr bald schon nach der naturwissenschaftlichen Seite orientierten. Lehrer Fischer hatte sehr gründliche naturwissenschaftliche Kenntnisse, so daß ich nach allem fragen konnte. Seine Unterrichtsmethode war die, daß er nicht jede Stunde ein anderes Fach mit mir bearbeitete, sondern daß er vielleicht eine Woche lang Geschichte oder Geographie oder Naturgeschichte, dann wieder eine Woche Grammatik und Lesen betrieb. Diese Art des Unterrichts war mir sehr angenehm, weil man den Eindruck hatte, vorwärts zu kommen und das erledigte Pensum besser übersehen konnte. Bei schönem Wetter im Sommer kam es allerdings vor, daß der Herr Lehrer mich von den Bäumen schütteln mußte, und im Winter, wenn Schlittenbahn war und ich ganz durchnäßt zur Stunde nach Hause kam, ereignete es sich wohl auch, daß mir Lehrer Fischer die hohen Stiefel, die ich von meinem Bruder erbte, wenn er sie verwachsen hatte, ausziehen half, da keine weibliche Kraft in der Lage war, mir die auch schon etwas engen, durch das Schneewasser festgeklebten Lederrohre von den Füßen zu ziehen.

Neben der Grammatik mochte ich am wenigsten den Geographieunterricht. Sehr häufig schlief ich in diesen Stunden halb ein. Um die Augen etwas schließen zu können, ohne daß es gemerkt wurde, gab ich vor, auf dem Atlas etwas nicht finden zu können. Lehrer Fischer, der kurzsichtig war, fand das Gewünschte auch nicht sofort, und diese Augenblicke des Suchens verwendete ich, um schnell ein Nickerchen zu machen. In einer sehr müden Zeit, wo ich den ganzen Tag draußen herumgetollt hatte, schlug Lehrer Fischer meiner Mutter vor, während der Schulferien den Unterricht auf den Vormittag zu verlegen, da ich nachmittags doch sichtbar ermüdet sei. Aber auch der Vormittagsunterricht fand mich nicht frischer. Sobald ich aus der frischen Luft in das Zimmer kam und sobald der Lehrstoff meinem Geschmack nicht entsprach, überfiel mich wieder der Schlaf. Trotzdem gediehen die Studien so gut, daß, als ich in die Pension kam, ich in allen Elementarfächern nicht zurück, sondern im Gegenteil in einzelnen den anderen Schülerinnen, die von Anfang an die höhere Mädchenschule besucht hatten, voraus war – das beste Zeugnis für meinen Lehrer.

Von meinem achten Jahre an hatte ich in der Woche zweimal Religionsstunden bei unserem Patronatsgeistlichen, Pfarrer Saier. Auch er war ein sehr gelehrter und bedeutender Mann, in vielem aber ein Original. Er erteilte den Unterricht nicht bei uns oben, sondern ich wanderte zu diesem Zweck zu ihm ins Pfarrhaus. Mit Frühlingsanfang hörte er auf, seine Zimmer zu heizen, und wenn dann draußen noch Eis und Schnee war, so sagte er: »Maria, heute wollen wir den Religionsunterricht ambulando halten, sonst könntest Du Dich erkälten«, und wir rannten dann nebeneinander her durch alle Zimmer. War er allein, so machte er es ebenso, und ich sehe noch vor mir den durch die Zimmer führenden ausgetretenen Pfad.

Ich wußte, glaube ich, meist sehr genau, was ich wollte, und setzte es mit großer Ausdauer durch. Auch in der Tätigkeit war ich stetig. Hatte ich an etwas Lust gefaßt, so wurde es consequent fortgesetzt. So konnte ich tagelang Bilder anmalen oder Unkraut in den Wegen des Gartens ausziehen. Eine Sache, die mich nicht nur Tage, sondern Jahre lang beschäftigte, war eine Indianergeschichte, die ich, als ich eben schreiben konnte, verfaßt hatte. Sie fing an: »Ich und mein Freund Jakob gingen einmal nach Amerika, wir wollten Büffel schießen, es waren aber sehr wenige da.« »Freund Jakob« war unser rothaariger Pferdeknecht. Diese Geschichte, die damit endete, daß wir wieder nach Deutschland zurück mußten, war zuerst in ein Notizbuch geschrieben. Meine Schrift war so groß und das Notizbuch so klein, daß auf jede Seite höchstens drei Worte gingen. Ich liebte diese Geschichte aber so sehr, daß ich sie durch drei Jahre hindurch bearbeitete. Einmal wurde sie mit schwarzer, dann mit roter Tinte abgeschrieben, jedesmal ein bißchen besser, schließlich übersetzte ich sie ins Französische und ließ sie von meinem Vetter, der eine kleine Druckerpresse hatte, drukken. Ich glaube, die Drucklegung erfolgte zur Hochzeit meines Onkels. In der letzten Fassung kam zum Ausdruck, daß ich auch die conventionelle Ausdrucksweise besser zu beherrschen gelernt hatte, ich schrieb jetzt nicht mehr »Ich und mein Freund Jakob«, sondern »Mein Freund Jakob und ich«.

Ich hatte eine sehr große Vorliebe für alle Tiere. Mein Eigentum waren die Katzen, die sich in einem Jahr bis auf zehn vermehrt hatten, und ein Geißbock, der mit fabelhafter Liebe an mir hing. Er begleitete mich auf meinen Spaziergängen, ja sogar in die Religionsstunde suchte er immer mitzukommen. Als ich im Winter wieder einmal in Stuttgart war, ich mochte acht Jahre alt sein, kehrte mein Vater von einer Reise nach Burgberg zu uns zurück, meine erste Frage war: »Wie geht es dem Hans?« – so hieß der Geißbock. Die Antwort meines Vaters war: »Den hat der Siegel aufgegessen.« Mein Schmerz und meine Wut waren unbeschreiblich, ich brüllte laut und konnte bis zum Abend kaum mehr beruhigt werden. Ich kann heute wohl sagen, es war der schmerzlichste Augenblick in meinem ganzen Leben. Ich empfand nicht nur den ganz unnötigen Verlust meines Lieblingstieres, sondern auch den Eingriff in meine Rechte durch einen Menschen, dem ich bisher eigentlich nur wohlwollend gegenüber gestanden hatte. Siegel war der Verwalter, der Vater meiner Spielkameraden, mit dieser Untat war er für mich erledigt.

Nachdem der arme Hans so kläglich geendigt hatte, traten die Katzen an seine Stelle. Sie wurden mir nun Freunde und Vertraute, und wenn ich mich über irgend etwas sehr geärgert hatte, so zog ich mich mit ihnen in mein Zimmer oder auf den Speicher zurück und erzählte ihnen, was mich drückte. Bei meinen Eltern ließ ich nie etwas merken, und ich war auch nicht nah am Wasser gebaut, so daß es mir nicht schwer wurde, mein Allerinnerstes für mich und meine Katzen zu reservieren. Wenn ich mich recht erinnere, waren die Tränen über meinen Geißbock die letzten, die ich geweint hatte. Elegische Momente waren bei mir sehr selten, ich war eigentlich immer lustig und guter Dinge und nahm das Leben von der angenehmen Seite.

Die Katzen, die ich besonders liebte, hießen Souris, Griffon und Tigre. In aller Morgenfrühe miauten sie an meiner Schlafzimmertür und überbrachten mir triumphierend eine Maus oder einen Frosch, ja sogar Blindschleichen verschmähten sie nicht. Zur Belohnung durften sie dann noch zu mir ins Bett kommen. Meine Bonne, die mit mir im Zimmer schlief, merkte es meistens nicht.

Ich stand immer sehr gern früh auf, und da Fräulein Molla, eine

Deutsche, die uns damals auf kürzere Zeit betreute, diese Leidenschaft nicht teilte, ich mich aber noch nicht allein anziehen konnte, so spielte mein Bruder Zofe, hakte mir meine Kleider zu und frisierte mich. Dann stürmten wir in den Garten und belustigten uns im Morgentau aufs Beste. Dem Gemüse- und Obstgarten wurden Besuche abgestattet und nüchtern gelbe Rüben und mehr oder weniger reife Äpfel und Birnen gegessen. Wenn dann eines von uns Verdauungsstörungen hatte, so konnten sich meine guten Eltern nicht erklären, woher das kam, denn wir wurden ja so vorsichtig ernährt.

Ein Wendepunkt in meinem Leben trat ein, als mein Bruder in das Kadettencorps kam. Nun war ich ganz allein auf mich, meine Katzen und die Bonne angewiesen, denn meine Mutter war viel mit meinem Vater zusammen, hatte im Haus zu tun und stand uns deshalb nicht immer zur Verfügung. Die Bonne mußte mir nun den Bruder ersetzen, und ich stellte sehr große Anforderungen an ihre körperlichen Leistungen und an die Fähigkeit, sich meinem Bedürfnis, herumzutollen und wilde Spiele zu spielen, anzupassen. Dafür war Fräulein Molla nicht geeignet, um so besser vertrug ich mich mit ihrer Nachfolgerin, der lustigen Louisa Blaser von Couvet aus dem Canton Veau. Sie legte die große Prüfung mit Glanz ab, die darin bestand, mit mir von dem Heuboden in das darunter befindliche Heu herunterzuspringen. Das war eines meiner liebsten Spiele, und wer da mittat, der hatte es bei mir für ewige Zeiten gewonnen. Fräulein Blaser war erst 17 Jahre alt, als sie bei uns eintrat. Sie war lustig, immer guter Dinge, hatte eine ausgezeichnete Schulbildung und brachte mich spielend zum Arbeiten mit ihrem guten Lehrtalent. Auch war sie eine ebenso große Tierfreundin wie ich, und wenn schlechtes Wetter war und wir nicht die herrlichen Erzählungen der Comtesse de Ségur aus der Bibliothèque rose lasen, so spielten wir mit unseren Katzen. In dieser Zeit waren meine Katzen mir nicht nur Freunde und Spielgefährten, sie klärten mich auch über Lebensvorgänge auf, die unserer heutigen Jugend in der Schule durch besonders dafür eingerichtete Stunden im unrichtigen Moment beigebracht werden. Als ich mit dreizehn Jahren in die Pension kam, brauchte ich keine einzige Aufklärungsstunde mehr, der Umgang mit Tieren hatte für alles gesorgt.

Louisa blieb zwei Jahre bei mir, ich war nun elf Jahre und sollte englischen Unterricht bekommen. Louisa nahm eine Stelle bei einer Gräfin in Wlodeck in Galizien an, und ich bekam eine deutsche Gouvernante nach der anderen, die alle englischen Unterricht erteilten konnten, bei denen ich aber nichts lernte, weil ich sie nicht leiden konnte. Jedesmal wenn der Wagen wieder ein solches Juwel entführt hatte, war niemand froher als ich. In dieser schwierigen Situation hielt es der Familienrat für richtig, die Frage zu erwägen, ob nicht bald der Augenblick gekommen sei, um eine Pension für mich zu finden, wo ich neben Mädchenumgang – ich hatte bisher nur mit Buben gespielt – Weisheit und alle Künste und Wissenschaften lernen würde.

Der Gedanke war mir reizvoll und unheimlich zugleich. Reizvoll, weil ich mich im Stillen oft hinaus in die Welt sehnte, unheimlich und schmerzlich, weil ich die starke Stütze der Eltern und des Vaterhauses verlassen und weder meine Lieblinge noch meine Stein- und Pflanzensammlung, die ich inzwischen angelegt hatte, mitnehmen konnte. Wie ich mich in diese Situation fand, bleibt einem anderen Kapitel vorbehalten.

Im Victoria-Pensionat (1883–1887)

Die Pensionszeit ist ein eingreifender Abschnitt in dem Leben eines Kindes. Dauert sie auch nur wenige Jahre, so kommt doch wohl kein Kind so zurück, wie es gegangen ist. Ein wichtiger Entwicklungsabschnitt vollzieht sich in einem anderen Milieu, man kommt in Discontinuität mit der Scholle, auf der man geboren ist, und den Anschauungen, in denen man aufgewachsen. Der Eintritt in die Pension bedeutet, wenn man dort vom Leben auch noch so sehr abgeschlossen ist und ganz dem Lernen lebt, dennoch den ersten großen Schritt ins Leben, man steht das erste Mal auf sich selbst, hat sich mit Andersdenkenden auseinanderzusetzen, ohne jemanden zu haben, dem man sich rückhaltlos anvertrauen kann. Man hat selbst zu entscheiden und wird sein eigener Berater. Besonders einschneidend ist der Schritt für ein Kind, das wie ich bis dahin sein Leben in einem kleinen, scharf begrenzten Familienkreis verbracht hat, oder mit Menschen, die alle eine mehr oder weniger gleichartige Einstellung zu den Fragen des Lebens, das man nun einmal führte, hatten. Ich kann wohl sagen, hundert Dorfkinder dachten mit mir gleichartiger als ein einziges Töchterlein eines Industriellen. Trotz Gouvernanten war ich auf meinem Felsennest in großer Unabhängigkeit aufgewachsen, hatte denkbar größte Freiheit genossen und war im steten Umgang mit den Dorfkindern, mit denen mich Gefühle vollster Zusammengehörigkeit verbanden, Herrin geworden, noch ehe ich wußte, was herrschen heißt.

Der Entschluß meiner Eltern, mich in Pension zu geben, kam nicht plötzlich. Er wurde schon einige Jahre, ehe er zur Ausführung kam, mit allem Für und Wider erwogen. Auch die Wahl des Ortes stand nicht von Anfang an fest. Da ich noch sehr jung war, so sollte ich möglichst im Lande bleiben, und wenn es nicht das Schwabenlande selbst war, so konnte es sich doch nur um das freundnachbarliche Baden handeln. Die Entscheidung fiel schließlich für das Victoria-Pensionat in Karlsruhe, als auch die Baronin Spitzemberg beschloß, ihre mit mir befreundete jüngste Tocher Amélie dorthin zu geben. Die eingezogenen Erkundigungen lauteten sehr befriedigend, und nun war mein Schicksal bestimmt. Die Aussicht, mit einer Freundin dort zusammenzutreffen, war mir sehr sympathisch, so daß ich diese Lösung allen anderen vorzog. Auch der Gedanke, in ein anders Land zu kommen, wenn es auch noch so benachbart war, reizte meine Phantasie. Daß es mir schwer werden würde, mein bisheriges beneidenswertes Dasein aufzugeben, war selbstverständlich, und deshalb bereitete ich mich consequent auf diesen Augenblick vor, indem ich mir vorhielt: »Landgraf werde hart, Landgraf werde hart!« Ich wollte beim Abschied nicht weich werden. Alles, was mir lieb war, genoß ich aber nun in vollen Zügen, denn die Trennungsstunde von allem, was mich umgeben hatte: Menschen, Tiere, Pflanzen, mit dem ich so ganz verwachsen war, nahte mit Riesenschritten. Der Tag des Eintrittes war der 15. September 1883. Aus Gesundheitsrücksichten, ich hatte mich beim Aufladen der Garben überanstrengt und solche Muskelschmerzen davongetragen, daß man einen rheumatischen Anfall befürchtete, trat ich einige Tage später an.

In Stuttgart war noch einiges zu meiner Aussteuer zu besorgen, und ich bekam von meinen Verwandten noch verschiedene nützliche Dinge geschenkt. Ein herrliches, in rotem Plüsch gebundenes Stammbuch hatte ich von meinem Bruder bekommen, es bildet ein originelles Erinnerungsstück an meine Pensionatszeit, besonders durch seine tendenziösen Sprüche, die zum großen Teil wohlmeinend meinen individuellen Anlagen gerecht werden, teils erzieherisch wirken sollten, teils etwas hämisch sich auf meine männlich gerichteten Neigungen und Anlagen beziehen. In dem Büchlein kommen deutlich die Freunde und die Gegner der Frauenemanzipation zum Ausdruck, und insofern ist es nicht nur ein persönliches, sondern ein kulturhistorisches Dokument.

Nachdem ich nun, für meine Begriffe wenigstens, fürstlich ausstaffiert war und zur Stärkung meines Unternehmungsgeistes Stunden und Stunden im Stuttgarter Naturalienkabinett und bei »Nill« im Zoologischen Garten verbracht hatte, auch alle Verwandte besucht und ihnen adieu gesagt hatte, ging die Reise nach Karlsruhe vor sich.

Wir trafen, wenn ich mich recht erinnnere, gegen 3 Uhr in der badischen Residenz ein. Vom Bahnhof aus begab sich Maman mit mir in das damals nahe gelegene Hotel Germania. Von dort aus verfügten wir uns per Wagen, da mein Riesenkoffer, der alle meine Habseligkeiten, auch Teile meiner Steinsammlung und meine naturwissenschaftlichen Bücher barg, in das nicht weit entfernte, in der Sophienstraße gelegene Victoria-Pensionat. Die Glocke ertönte, die Tür wurde geöffnet und schloß sich hinter uns – und mein Schicksal war damit besiegelt.

Wir wurden zuerst in das Sprechzimmer geführt, wo an den sonst kahlen Wänden ein Bild der Kronprinzessin und späteren Königin Victoria von Schweden, einer Badischen Prinzessin, der Patin des Pensionates, hing, in blauem Kleid, mit jugendlich frischem, freundlichem Gesicht. Dann wurden wir von der Vorsteherin, Fräulein Anna Schneemann, empfangen. Fräulein Schneemann war eine kleine untersetzte Dame, mit klugem Ausdruck, feinem Mund, und trotz großer Kurzsichtigkeit, lebhaften Augen. Sie machte einen ausgesprochen vornehmen, aber mir viel zu zeremoniellen Eindruck. Sie war keine Badenserin, sondern in Eisenach als

Das Großherzogliche Victoria-Pensionat in Karlsruhe.

Tochter eines Geistlichen geboren. Fräulein Schneemann hatte den Lehrerinnenberuf ergriffen und war schon in dem Großherzoglichen Institut in Mannheim tätig gewesen, ehe sie von Großherzogin Luise von Baden zur Leiterin des in den Besitz der Großherzogin übergegangenen Derndingerschen Institutes berufen wurde. Die in der Mädchenbildung außerordentlich tätige Fürstin hatte Pensionat und Schule übernommen, um daraus eine nach ihren Ideen geleitete Erziehungs- und Bildungsanstalt für Töchter gebildeter Kreise zu schaffen, und die Entwicklung der Anstalt zu einer der hervorragendsten Erziehungsanstalten, vielleicht zu der hervorragendsten in Deutschland, hat gezeigt, daß die Ideen der Fürstin gut und die Wahl der Leiterin glücklich war.

Damals, als ich in das Pensionat eintrat, stand das Institut noch in dem ersten Jahrzehnt seiner Entwicklung, wir waren, wenn mein Gedächtnis mich nicht täuscht, 24 Schülerinnen oder, besser gesagt, Pensionärinnen oder interne Schülerinnen, zum Unterschied von den Schülerinnen der Victoriaschule, zu denen wir ja auch gehörten. Das Pensionat hatte damals noch keinen getrennten Schulunterricht, und so zogen wir tagtäglich um 8 Uhr früh und nachmittags um 2 Uhr in langem Zug zu zwei und zwei in die in der Waldstraße gelegene Victoriaschule. Fräulein Schneemann stand auch der Victoriaschule vor, so daß ihr Arbeitsfeld ein sehr ausgedehntes und mühevolles war, die Einheitlichkeit der Leitung von Schule und Haus aber gewahrt blieb.

Ich wurde also in die Obhut von Fräulein Schneemann gegeben. Meine Mutter war sofort sehr von ihr eingenommen, was ich von mir nicht sagen konnte. Ich, auf freier Weide aufgewachsenes Füllen, prallte einmal an dem Zeremoniell zurück, hatte aber auch wohl ein unterbewußtes »aber« gegen diejenige Person, die es wagen mußte und deren Beruf es war, mir den Zügel anzulegen. Im ersten Brief an meinen Vater schreibe ich hierüber:

»Den angenehmen Eindruck, den Fräulein Schneemann auf Maman gemacht hat, begreife ich bis jetzt noch nicht. Ich finde, daß sie nur ein recht überspanntes Frauenzimmer ist.« – Ich ahnte damals noch nicht, daß das »überspannte Frauenzimmer« die Begründerin und Förderin meiner Laufbahn würde. Es wird wohl ein halbes Jahr gewesen sein, daß ich Fräulein Schneemann ablehnend gegenüber stand, erst als sie erfuhr, daß ich mich für Mineralogie so sehr interessierte, daß ich Spezialwerke las und Steine sammelte, und sie mir anbot, öfter in die naturhistorischen Sammlungen zu gehen, da stieg sie in meiner Achtung. Ich schrieb darüber an meinen Vater:

»Dienstag abend zeigte ich Frl. Schneemann einige Granitstücke, die ich hier gefunden habe. Sie war sehr entzückt, daß ich mich so für Mineralogie interessiere, und als die anderen sagten, ich studiere jeden Sonntagabend in einem mineralogischen Werke, sagte sie mir, wenn ich mich so dafür interessiere, wolle sie mich hie und da ins Museum gehen lassen, was mir natürlich sehr lieb wäre, wenn es zur Ausführung kommen würde, allein sie hat mir noch keinen Bürgen gestellt und es könnte ihr am Ende noch ein anderer Kopf wachsen, ich hoffe jedoch, daß sie sich nicht ändert.«

Mein volles Vertrauen besaß sie aber, wie aus dem Nachsatz hervorgeht, noch nicht.

Nachdem Maman und ich das Haus besehen hatten, wobei mir der Rundlauf im Garten einen großen, unverwischbaren Eindruck machte, durfte ich zu meiner großen Freude mit meiner Mutter bleiben. Ehe wir in das Hotel zurück kamen, machten wir einen Spaziergang im Schloßgarten, von dem ich, der vielen fremdländischen Gewächse wegen, hell begeistert war. Dieses Parkes wegen schien es mir wert in Karlsruhe zu bleiben. Eine ähnliche Anziehung übte das Hotel Germania auf mich, mit seinem mit Frescogemälden gezierten Speisesaal. In der Mitte der Wand ein mittelalterliches Fest mit einem tanzenden Paar, rechts davon ein Jäger mit Hifthorn, links ein Bild, das mich weniger interessierte und das mir nicht in Erinnerung geblieben ist. Als ich kürzlich in Karlsruhe war, habe ich mich zu meiner Freude davon überzeugt, daß das Paar noch immer tanzt und der Jäger noch immer jagt, trotz Weltkrieg und Umsturz, ein fester Punkt in der Erscheinungen Flucht.

Diese letzte Nacht im Hotel Germania war für mich der Abschied von meiner Kindheit und für meine Mutter der Abschied vom Kind, allerdings uns beiden unbewußt, und wir beide lebten viel zu sehr im Eindruck des Augenblicks, der nach allem interessanten Neuen durchaus erfreulich war, als daß wir uns unser kurzes Zusammensein durch sentimentale Ausblicke verdorben hätten. Den folgenden Tag machten wir noch Besuche, bei dem Religionslehrer, Stadtpfarrer Benz, und bei dem Arzt Hofrat Tenner. Bei Hofrat Tenner interessierte mich hauptsächlich seine Tochter, weil sie kurze Haare trug, mein Ideal, das ich selbst aber erst nach 40 Jahren erreichen sollte.

Dann kam der Abschied, von dem ich nichts mehr weiß, und der neue Pflichtenkreis, der damit anfing, daß ich mein »Haus«, wie ich meine Koffer nannte, auspacken mußte. Dabei lernte ich bereits, daß es zweierlei Menschen gibt, hilfsbereite und solche, die es nicht sind. Zu den Ersteren gehörte Conny Hoffmann, Tochter des Chemikers Hoffmann, und sie, die sehr praktisch und hausmütterlich veranlagt war, gab sich die größte Mühe, um meiner Ratlosigkeit, wie ich alles unterbringen sollte, zu steuern. Ich war Burgberger Verhältnisse gewöhnt, wo es eine Raum- oder Schrankfrage nicht gab, hier aber mußte ich in den Seitenfächern des Kleiderschrankes, in einem einreihigen Bücherschaft und in einem kleinen Nachtkasten meinen ganzen Kram verstauen. Am wichtigsten war es mir, meine Steinesammlung in nächster Nähe zu haben, und sie bekam den Ehrenplatz in besagtem Nachtschränkchen, wo die anderen Bilder ihrer Familienangehörigen bargen.

Da Uniform Vorschrift war und ich noch keine hatte, so galt die nächste Sorge, diese zu beschaffen. Eine Lehrerin, Frl. Werth, hatte die angenehme Aufgabe, die Einkleidung der Neuen zu überwachen, und dieses Amt sei gerade bei mir eine schwierige Aufgabe gewesen, wahrscheinlich war für meinen Geschmack alles zu lang und zu eng. Die Uniform war recht kleidsam. Sie bestand aus einem bordeaufarbenen Kleid mit hohem Stehkragen, unter dem man einen weißen Stehkragen trug, der Kragen geschlossen durch eine ebenfalls bordeaurote Samtschleife. Im Sommer trug man ein ähnlich gemachtes leinenes und bei ganz festlichen Gelegenheiten ein weißes Batistkleid – mein Schrecken.

Eine schwierige Frage war es, in welche Klasse ich eintreten sollte. Meinem Alter nach gehörte ich in die zweite Klasse, meinen Kenntnissen nach, namentlich des Englischen wegen, paßte ich besser in die dritte Klasse. Ich sollte probeweise die zweite Klasse besuchen und durch Nachhilfestunden meine mangelnden englischen Kenntnisse ergänzen. [Anders als heute waren die höheren

Klassen damals die unteren; Anm. d. Hrsg.] Wie aus den Briefen an meine Eltern ersichtlich, war es kein leichter Kampf, meine Seele in der zweiten Klasse zu behaupten, weniger der Lehrer wegen, die sehr einsichtsvoll und wohlwollend waren, als einzelner Schülerinnen wegen, die, wie man zu sagen pflegt, gegen mich stänkerten. Mit diesen Widersacherinnen habe ich einen Strauß um den anderen gehabt, mit dem Ergebnis, daß ich sie durch energisches Auftreten schließlich zum Schweigen brachte. Auch mit einer Reihe von Mitschülerinnen, die sich nicht hilfsbereit wie Conny Hoffmann, sondern kritisch in meine Angelegenheiten mischten, verfuhr ich so, daß eine gewisse Vorsicht mir gegenüber geboten war, so daß ich auch unter ihnen bald nicht mehr zu leiden hatte. Es gelang mir nach und nach, mich durchzusetzen. In der Klasse hatte ich an unserer französischen Lehrerin, Mademoiselle Meylan, mit der mich die treuste Freundschaft bis zu ihrem Tod verbunden hat, eine gute Stütze. Sie vertrat die Ansicht, daß ich mich gut einarbeiten würde und in der Klasse bleiben sollte. Derselben Meinung war der Professor der französischen Literatur, Monsieur Möry, der ebenfalls auf mich einging. Meine englischen Lücken wurden durch Privatstunden unserer guten Miss Streuly ausgefüllt, so daß am Ende des ersten Vierteljahres kein Zweifel mehr darüber war, daß ich mitkommen würde.

Allmählich verbesserte sich auch das Verhältnis zu meinen Mitschülerinnen. Etwas an unseren ersten Zusammenstößen mag auch der Umstand mitgewirkt haben, daß ich immer mehr mit Knaben als mit Mädchen zusammen war und daß mir die weibliche Psyche absolut fremdartig vorkam. Ich kannte von weiblichen Gespielinnen nur meine Cousine und meine Freundin Spitzemberg. Auf der anderen Seite war ich den Mitschülerinnen auch ein Rätsel mit sieben Siegeln, durch meine tiefe Stimme und meine bubigen Allüren. So kam es, daß eine Abordnung zu Fräulein Schneemann ging, um ihr zu sagen, ich sei ein verkleideter Bub und meine langen Haare seien falsch. Fräulein Schneemann wies sie ab und sagte ihnen, sie könnten ja meine Freundin, Amélie Spitzemberg, fragen, wenn sie käme.

Nach 14 Tagen erschien die von beiden Seiten sehnsüchtig Erwartete und trug zur Beruhigung beider Parteien bei. Ich freute mich, eine Freundin, eine fühlende Brust, unter allen diesen Larven zu haben, und die anderen waren beruhigt, über mein Geschlecht Authentisches zu erfahren. Nachdem nun Amélie Spitzemberg da war, wurde es nicht nur in der Schule, sondern auch im Pensionat sehr nett. Wir schliefen zwar zuerst nicht zusammen, aber doch so nah voneinander, daß wir uns abends noch bis ½11 Uhr unterhalten konnten. Amélie bildete auch die Vermittlung mit den anderen Mädchen, von denen vorher eigentlich nur Conny Hoffmann Gnade vor meinen Augen gefunden hatte.

Im zweiten Halbjahr freundete ich mich mit Gabriele von Andrian an. Die Ursache unserer Freundschaft, die für das Leben geschlossen wurde, war eigentümlich. Gabriele war ein mehr reservierter Charakter. Sie hatte deswegen nicht viele Freunde, weil sie als hochmütig galt. Eines Morgens kam sie durch unser Dortoire, um in den Garten zu gehen, und sagte beim Vorbeigehen mit nicht sehr lauter Stimme Guten Morgen. Außer mir antwortete ihr keines der Mädchen. Als ich ihnen Vorhaltungen machte, sagten sie, die Gabriele sei hochmütig und bekäme keine Antwort, wenn sie nicht laut Guten Morgen sagte. Darüber war ich empört und begab mich sofort zu der Boykottierten, und von diesem Tag an waren wir Freunde.

Heimweh in der Form, daß ich mich wie andere hinsetzte und heulte, hatte ich nie, daß ich mich aber am Anfang nicht restlos glücklich fühlte, kommt meiner Ansicht nach darin zum Ausdruck, daß ich die Tage zählte bis zu den ersten Ferien und mich in meinen Briefen auf das Eingehendste über Burgberger Verhältnisse unterhielt. Eine große Rolle spielte dabei unsere Haushälterin Fränze, die mich häufig auf meinen Spaziergängen begleitet hatte und sehr gut auf meine Interessen einging, ebenso ihr Liebster, der Pferdeknecht Josef, der immer im Zusammenhang mit ihr oder mit meinem Lieblingspferd Caesar in meinen Briefen wiederkehrt. Mehr und mehr treten aber später die Schulinteressen in den Vordergrund, die mit wenig Ausnahmen mit großer Befriedigung von Erfolgen melden.

Je besser ich im Unterricht folgen konnte, desto mehr fesselten mich die glänzenden Stunden, und indem ich konkurrieren konnte, wuchs mein Ehrgeiz, gute Noten zu bekommen. In Rechnen, Naturwissenschaften, Religion und Turnen fielen sie mir von selbst in den Schoß, während ich mich im Aufsatz und in den Extemporalien, meiner unorthographischen Veranlagung wegen, anstrengen mußte. Da die Lehrer aber sahen, daß ich wollte und konnte, so vereinigte sich sehr bald ihre Ambition, mich zu fördern, mit der meinigen, gefördert zu werden.

Je mehr die Schule für mich eine Rolle spielte, desto unwichtiger wurden mir die Verhältnisse in der Pension selbst. Nach den ersten Weihnachtsferien war ich ganz eingelebt, jetzt wurden nicht mehr die Tage bis zu den nächsten Ferien gezählt, und ich ärgerte mich auch nicht mehr über die Fliege an der Wand, ich hatte nun mein inneres Gleichgewicht wieder gewonnen und schwelgte förmlich im Lernen. Es konnte mir nichts Schlimmeres passieren, als wenn ich aus Gesundheitsrücksichten die eine oder andere Stunde versäumen mußte. Ich litt in dieser Zeit sehr häufig, in jedem Semester wenigstens einmal, an sehr heftigen Mandelentzündungen mit Abscessbildungen. Um nun nicht die Stunde versäumen zu müssen, sprach ich in der Incubationszeit, wenn meine Stimme bereits die kommende Erkrankung verriet, lieber kein Wort, um mich nicht zu verraten. Ich erinnere mich noch gut, daß ich bei Tisch oft die größten Schmerzen hatte, wenn die Speisen gewürzt waren oder wenn ich mein geliebtes Bier trank, und daß ich nur aus dem Grund, um nicht in der Schule fehlen zu müssen, mir nichts anmerken ließ. In der Regel konnte ich vierzehn Tage lang die Erkrankung verbergen, wenn ich dann kurz vor Platzen des Abscesses gar nicht mehr sprechen und schlucken konnte und meine Gesichtsfarbe Fieber verriet, war der Höhepunkt der Krankheit erreicht, und ich konnte sicher sein, daß ich nach 2–3 Tagen wieder aus dem Krankenzimmer entlassen wurde. Diese Verheimlichungsmanöver der Anginen waren die beste Schulung zur Selbstbeherrschung, und was ich darin damals gelernt habe, konnte ich auf meinem späteren Lebensweg recht gut gebrauchen. In diesen Zuständen wurde mir auch klar, wie verschieden die Inanspruchnahme der Halsorgane beim Sprechen der verschiedenen Sprachen ist. Wenn ich schon längst kein deutsches Wort mehr herausbringen konnte, war es noch möglich, ohne allzu große Mühe Französisch zu sprechen. Auch Englisch sprach sich leichter als Deutsch. Eine sehr gefährliche Klippe, wenn man sich nicht als krank zu erkennen geben wollte und krank war, bildeten die morgendlichen und abendlichen Begrüßungen der Vorsteherin. Frl. Schneemann stand, umgeben von Lehrerinnen, in einem der Arbeitssäle, und nun defilierte eine nach der anderen vor ihr, machte ihr einen Hofknicks und küßte ihr nach meiner Zeit sogar die Hand und sagte Guten Morgen. Frl. Schneemann sah sich bei dieser Gelegenheit jede Schülerin ganz genau an und bemerkte trotz Kurzsichtigkeit die kleinsten Veränderungen im Aussehen, oder sie hörte an der Stimme, daß man erkältet war. Wenn nun mein Hals halb zugeschwollen war, so mußte ich mich vorher im Stillen im Gutenmorgensagen üben und stellte mich besonders vergnügt und lebhaft, daß ein eventueller aus der belegten Stimme zu schöpfender Verdacht zerstreut wurde. Nicht weniger gefährlich waren die Lehrerinnen, namentlich Mademoiselle Meylan und Miss Streuly, die mich beide sehr gern hatten und um meine Gesundheit besorgt waren, aber auch da rettete mich meine Verstellungskunst, bis ich eben nicht mehr konnte und meine glühenden Backen und heißen Hände mich verrieten, auch wenn ich schwieg. Dann wurde ich in das Krankenzimmer abkommandiert, das für mich fast wie eine entehrende Strafe war, obwohl man dort mit allem Comfort umgeben wurde und Leckereien in Gestalt von herrlichen Compotten, süßen Speisen und anderen Dingen erhielt, die man sonst nur an ganz festlichen Tagen zu essen bekam. Außerdem brauchte man nicht zu arbeiten und konnte Unterhaltungslektüre lesen, hatte seine Pflegerin, die einem jeden Gefallen tat, bekam Besuch von Frl. Schneemann und den Lehrerinnen, konnte sich mit dem sehr liebenwürdigen und zugängliche Anstaltsarzt unterhalten, der extra für einen geholt wurde, kurz, man war nicht mehr eine Nummer von vielen, sondern ein Individuum, um das sich die verschiedensten Menschen drehten. Aber alles das lockte mich nicht, und meine erste Frage an den freundlichen Hofrat war stets: wann kann ich wieder in die Schule? Am allerschlimmsten war es, wenn der Höhepunkt der Mandelentzündung und mein Stubenarrest auf eine Turnstunde fiel, in solchem Falle kannte meine Verstimmung keine Grenzen mehr, und dann hörte ich, glaube ich, auch auf, liebenswürdige Patientin zu sein.

Für viele war freilich das Krankenzimmer ab und zu ein beliebter

Aufenthalt, natürlich mußten diese Tage dann so liegen, daß sie nicht gerade den Sonntag umfaßten, an dem man Ausgang hatte. Dieses Glück wurde den Pensionärinnen alle drei Wochen zuteil. Wer also dann in der Stadt Onkel oder Tante wohnen hatte, durfte diese besuchen, auch nach vollbrachtem Kirchgang den ganzen Tag dort verweilen. Eine Lehrerin oder die gute »Pauline«, das Faktotum von Frl. Schneemann, brachte einen an Ort und Stelle, und die Verwandten sorgten in der Regel, daß man wieder mit heiler Haut und nicht zu spät im Pensionat eintraf.

Ich hatte, als ich nach Karlsruhe kam, nur zwei Häuser, in denen ich verkehren konnte: General und Generalin von Stranz und Äbtissin Maria Freiin von Mentzingen, eine entfernte alte Cousine. In beiden Häusern nahm man sich meiner sehr nett an, und ich war besonders begeistert, als Frau von Stranz mich gleich in das Theater mitnahm. Der Vorsteherin waren solche Extratouren nicht sehr angenehm, weil das Theater spät zu Ende war und die Pensionatshaushälterin, Frl. Salzer, aufbleiben mußte, um mich herein zu lassen. Aber als ich spät abends heimkehrte, fand ich im Zimmer von Frl. Salzer einen kleinen Imbiss für mich bereit, ein Zeichen, wie gut sie auf mich zu sprechen war.

Die Äbtissin von Mentzingen war eine Dame von altem Schlag. Sie war schon ziemlich bejahrt, mir erschien sie uralt, hielt sich aber kerzengerade, so wie es in der heutigen Generation überhaupt nicht mehr vorkommt und damals schon selten war. Infolgedessen mußte man sich ähnlich benehmen und auf jedes bequeme Anlehnen verzichten. Die alte Cousine interessierte sich von Anfang an sehr freundlich für mich und freute sich, alte Familienbeziehungen wieder anzuknüpfen. Ihr Interesse für mich erlosch auch nicht, als mein Entwicklungsgang abwegig zu werden drohte, und ich statt in den Hafen der Ehe einzulaufen die Absicht hatte, mich an dem Busen einer Alma mater zu bergen. Cousine Mentzingen gehörte zu den Menschen, deren Verstand und Verstehen aber weit über zeitlich begrenzten Anschauungen stand. Niemand freute sich mehr über meine ersten Erfolge als eben diese Äbtissin.

Während der Sommermonate wurden Amélie und ich verschiedene Male zu Baron Wilhelm Schilling von Cannstatt nach Hohenwettersbach eingeladen. Schillings waren auch entfernte Verwandte von mir und nahmen sich der beiden Schwäbinnen sehr freundlich an. – Ein Brief an meinen Vater, den ich bald nach unserem Besuch dort geschrieben habe, zeugt, welches Vergnügen es mir bereitet hat, in Feld und Wald, in Haus und Ställen herumzustreifen, so wie ich es von Burgberg gewohnt war. Besonders hatten mich die Viehbestände interessiert, denn ich schrieb darüber folgendes:

»Nun will ich Dir noch von den Farren und Kühen, wie dem übrigen Getier des Herrn von Schilling erzählen. Besonders habe ich die Farren bewundert. Es waren acht Stück, die Hälfte von ihnen waren von friesischer, die andere Hälfte von schweizerischer Abstammung. Besonders zogen die Friesen meine Aufmerksamkeit auf sich. Einer von ihnen war ein riesiger Kerl, nur schade, daß er so häßliche Hörner hatte. Die Schweizer Farren waren sehr schön, doch gefielen sie mir nicht so gut wie die unsrigen. Die Kühe und Kälber waren auch sehr hübsch, doch sehr schlecht gehalten. Besonders fiel mit der Dreck bei den Mastochsen auf. Die Pferde sind ganz ordentlich, aber die Ställe sind abscheulich, was für das schöne Vieh wirklich sehr schade ist. Ich habe es zu Herrn von Schilling gesagt, daß zwar das Vieh sehr hübsch sei, daß aber die Ställe sehr unvorteilhaft und häßlich seien. Er lachte und antwortete, daß er bereits einen Plan in Händen habe, nach welchem er die Stallungen neu bauen werde. Überhaupt habe ich die ganze Zeit mit ihm und ihr über ihre und unsere Ökonomie gesprochen und verhandelt. Ich sage Dir, ich habe mich noch bei Niemandem, seit ich hier bin, so gut unterhalten, als bei Schillings. Ich fühlte mich im Stall und auf den Feldern ganz zu Hause und freue mich schon, bis sie uns wieder einladen.«

Wie mögen sich Baron und Baronin Schilling über mein landwirtschaftliches Verständnis und meine ungeschminkte Meinungsäußerung amüsiert haben!

Das allergrößte und interessanteste Ereignis war, wenn das Pensionat in das Schloß zur hohen Protectorin, der Großherzogin von Baden, Prinzessin von Preußen, geladen war. Das Glück der Lehrerinnen, dieser Ehre teilhaftig zu werden, wurde nur ein klein wenig dadurch getrübt, als ihnen die Verantwortung auflag, die doch zum größten Teil recht wilde Schar in geziemender Weise vorzuführen, keine allzu leichte Aufgabe, denn im letzten Augenblick fehlten der

Großherzogin Luise von Baden, Protektorin des Victoria-Pensionats.

einen die obligaten Handschuhe, der anderen der zugehörige Hut, bei der dritten riß im Fortgehen der Knopf an einer wichtigen Stelle, und diese Schwierigkeiten und Hindernisse mußten von der zuständigen Lehrerin im Handumdrehen beseitigt und aus dem Weg geräumt werden. Die Instructionen, wie man sich zu benehmen hatte, wann, wie und wo der täglich geübte Knicks anzubringen war, in welchem Moment man reden und wann man schweigen sollte, wie man die höchsten Herrschaften anzureden hatte, was man tun sollte, wenn man den Mund von herrlichem Kuchen voll hatte und von Ihrer Königlichen Hoheit in das Gespräch gezogen wurde, und über eine Menge anderer nicht vorhergesehener Situationen erteilte uns die Vorsteherin, die durch langjährige Erfahrung im Hofleben uns am allerbesten in den dort üblichen Ton einführen konnte.

Wir wurden in einen bestimmten Saal des Schlosses befohlen und von dem uns an der Tür empfangenden Lakaien an den Ort unserer Bestimmung geleitet. Dort angelangt, wurde man in eine Reihe aufgestellt, ich weiß aber nicht mehr, ob dies nach der Größe oder nach dem »Dienstalter« geschah. Ich glaube fast, daß die letztere Ordnung gewählt wurde, so daß die Neulinge am Ende zu stehen kamen und von den Älteren absehen konnten, wie man sich zu benehmen oder nicht zu benehmen hatte. Die Vorsteherin stellte sich an den Flügel, der zunächst der Türe stand, durch die die Großherzogin eintrat, und die Lehrerinnen waren gewöhnlich zwischen den Schülerinnen verteilt, sie waren kenntlich durch schwarzes Kleid und eine schwarze, weiß eingefaßte, stehende Samtschleife, welche ihr Haupt zierte. Fräulein Schneemann trug ein kleines Spitzenhäubchen.

Sobald sich die Tür öffnete und die Großherzogin, begleitet von ihren Hofdamen, eintrat, versank die ganze Reihe in tiefem Kompliment, sie sollte es wenigstens, in Wirklichkeit war die Bewegung nicht ganz so harmonisch, denn die einen kratzten in der Verlegenheit nur hinten aus, die anderen versanken so tief, daß sie noch am Aufstehen waren, wenn der Durchschnitt bereits wieder in aufrechter Haltung war. Die Großherzogin quittierte diese erste Massenbegrüßung mit einem feinen, gütigen, manchmal fast schelmisch aussehenden Lächeln und freundlichem Zunicken und ging sofort auf Fräulein Schneemann zu, um sie zu begrüßen und ihr zu danken, daß sie sich die Mühe gemacht hatte, die ganze Schar vorzuführen. Fräulein Schneemann ihrerseits sagte, welch große Ehre und welche Freude die Fürstin uns allen durch ihre Einladung bereitet habe. Hierauf wandte sich die Großherzogin an die Lehrerinnen und Schülerinnen, die Neuen wurden ihr vorgestellt, und mit einer jeden wußte die hohe Protectorin ein persönliches freundliches Wort zu reden über häusliche Verhältnisse oder über die Schule oder über gemeinsame Bekannte. Die Großherzogin verstand es mit jeder so zu sprechen, als ob gerade ihre Interessen auch die ihrigen wären, und war so gut orientiert über alles, was die kleine unbedeutende Menschenschar betraf, daß jeder Beobachter staunen mußte. Großherzogin Luise hatte ein so fabelhaftes Gedächtnis, daß es zu ihrer Orientierung vollkommen genügte, wenn Fräulein Schneemann ihr jedes Semester über die Neueintretenden Bericht erstattete.

Ab und zu erschien auch der Großherzog Friedrich von Baden zu diesen Empfängen und widmete sich auch in der gütigsten Weise den Schutzbefohlenen seiner Gattin, dann erreichte unser Glück den Höhepunkt. Nachdem der Empfang zu Ende war, wurde im selben Raum oder in einem anderen Saal Tee serviert, dem der Hof beiwohnte. Da gab es dann die schwierigen Situationen, wo man nicht wußte, ob man erst schlucken oder erst antworten sollte, denn Großherzogin Luise beglückte bald diese, bald jene mit einer freundlichen Frage. Eine große Erleichterung war es, wenn der Tee an kleinen Tischen serviert wurde, war dies nicht der Fall und war man gezwungen, Tasse und Kuchen in der Hand zu jonglieren, dann wurde die Situation bisweilen höchst kritisch. Fräulein Schneemanns Feldherrnaugen erfaßten aber sofort die gefährlichen Lagen, und sie hatte einen raschen unbemerkten Griff, die wackelnde Tasse zu retten. Ebenso vermochte sie zu große Kuchenfreunde durch einen zügelnden Blick von Excessen abzuhalten. Überhaupt war das Auftreten unserer Vorsteherin bei aller Ehrerbietung und Ergebenheit immer vornehm und berechtigt selbstbewußt.

Nicht weniger aufregend waren die fürstlichen Besuche im Pensionat oder in der Schule. Manchmal meldete die Großherzogin ihren Besuch an, meistens kam sie aber ganz unverhofft. Es ertönte

Pferdegetrappel, und der auf seinen Gummireifen lautlos daherrollende Wagen hielt vor der Tür. War es die Victoriaschule, die durch den Besuch ausgezeichnet werden sollte, und waren die Stunden im Gang, so bemächtigte sich der Lehrer und Lehrerinnen eine mehr oder weniger große Aufregung, je nach Temperament, und diese kam darin zum Ausdruck, daß wir ermahnt wurden, nur um Gotteswillen ganz kaltes Blut zu bewahren und uns nicht aufzuregen, die Antworten würden schon richtig werden. Großherzogin Luise besuchte dann immer eine Anzahl Klassen nacheinander und blieb überall nur kurze Zeit; in Fällen, in denen sie aber der Unterricht sehr interessierte, konnte sie auch länger verweilen. Sobald die Tür mit feierlichem Ruck durch Fräulein Schneemann geöffnet wurde, sprangen wir alle von den Bänken auf. Die Großherzogin winkte entweder ab und ersuchte den Lehrer, sich nicht stören zu lassen und ruhig fortzufahren, oder aber sie begrüßte den ihr entgegenkommenden Lehrer und die Aufsichtsdame, die in allen von einem männlichen Wesen erteilten Unterrichtsstunden anwesend sein mußte, und setzte sich mit der Vorsteherin und ihrer Hofdame an den für die Vorsteherin üblichen Platz, da auch Fräulein Schneemann öfters Stunden mitanhörte, um sich ein Bild über das Können des Lehrers oder der Klasse zu machen. Alsdann wurde die Stunde fortgeführt und den Schülerinnen Gelegenheit gegeben, ihr Wissen und Können zu zeigen. Wir hatten in der 2. Klasse eine Reihe von Schülerinnen, die nie versagten. Diese waren namentlich in Sprachen, Literatur und Geschichte so beschlagen, daß der Lehrer mit Ruhe der Entwicklung der Sache entgegensehen konnte, eine Antwort, die richtig war, konnte er von diesen glänzenden Schülerinnen immer bekommen. In Physik und Rechnen konnte ich die Konkurrenz mit ihnen aufnehmen.

Einer der Lehrer, der bei diesen großherzoglichen Schulbesuchen am besten repräsentierte, war Professor Möry, der Lehrer des Französischen. Monsieur Möry war in gleicher Eigenschaft Lehrer in der Prinzenschule gewesen und hatte sich mit der Gouvernante der Prinzessin Victoria, der späteren Königin von Schweden, verheiratet. Dadurch kannte er die Herrschaften näher und beherrschte auch die Umgangsformen. Die Großherzogin erschien einmal in der Möry-Stunde, als ich einen französischen Vortrag zu halten hatte, es war in der ersten Klasse. Wir durften uns zu diesen Vortragsübungen das Thema selbst wählen, und ich hatte eine physikalische Bearbeitung des Uhlandschen Gedichtes »Wilhelm Tells Tod« vorbereitet. Professor Möry frug die Großherzogin, ob es ihr angenehm sei, wenn ich meinen Vortrag über dieses etwas seltsame Thema hielte. Diese willigte lächelnd ein, und ich entwickelte den Inhalt des Uhlandschen Gedichtes, indem ich für jede Handlung die physikalische Begründung gab. Ich habe nur noch die deutsche Bearbeitung dieses, möchte ich sagen, ersten wissenschaftlichen Versuches, die ich folgen lasse, da es eigentlich ein ganz guter Beweis dafür ist, wie früh sich bei mir der Wunsch entwickelt hat, Gelerntes zu verwerten und mir über die Vorgänge des täglichen Lebens Klarheit zu verschaffen, und zwar in einer nicht ganz gewöhnlichen Weise. Ich trug also mein Machwerk mit lauter Stimme vor:

Physikalische Bearbeitung der Strophen 1–7
des Uhlandschen Gedichtes »Tells Tod«

»An einem schönen Frühlingstage kehrte der Fixstern, die Sonne, unsere Haupt-Licht- und Wärmequelle, ihre brennende Atmosphäre der Schweiz zu. Die Lichtstrahlen fielen senkrecht auf den nördlichen Abhang der Alpen und erwärmten denselben, so daß der Schnee, der sich auf dem Gebirge befand, die ausstrahlende Wärme band und, seinen Aggregatzustand verändernd, sich in Wasser, den Repräsentanten der flüssigen Körper, verwandelte. Infolge der Adhäsion, der Anziehungskraft der Erde und des Herableitungstriebes floß der feste Körper, welcher ja der zweiten Hauptwirkung der Wärme, dem Schmelzen, gefolgt war, im zweiten Aggregatzustand von der schiefen Ebene herunter und ergoß sich als reißender Gebirgsstrom in den Schächen, einen Nebenfluß der Reuss.

Unweit Bürgleins begab sich ein Knabe vermittelst der Reibung und dadurch, daß er sich im labilen Gleichgewicht zu erhalten vermöchte, auf die Brücke, die über den Schächen gebaut war.

Die relative Festigkeit der Pfeiler, auf der dieselbe gestützt war, gab jedoch nach, und durch die Kraft des andrängenden Wassers, welches dem Gesetze der Undurchdringlichkeit und dem der Trägheit folgte, nach welchem ein Körper so lange im Zustand der Ruhe oder Bewegung verbleibt, bis eine Kraft ihn in den Zustand der Bewegung oder Ruhe versetzt, wurde ihre Cohäsion aufgehoben, infolgedessen dieselben barsten. Der Knabe, der sich noch auf der Brücke befand, fiel nach dem zweiten Gesetz des freien Falles mit beschleunigter Geschwindigkeit in den Strom.

Mittlerweile hatte sich ein alter Mann, namens Tell, vermöge des Ineinandergreifens zweier Körper, dem Ufer genähert. Der Knabe, einsehend, daß sein spezifisches Gewicht zu groß, d. h. daß sein Volumen eine zu kleine Menge Wassers verdränge und er nach dem Archimedischen Prinzip an seinem Gewicht zu viel verliere, um auf dem Wasserspiegel schwimmen zu können, setzte seine Stimmbänder in schwingende Bewegungen. Das Wasser und die Luft leiteten die Schallwellen an die Ohrmuschel Tells. Sein Trommelfell pflanzte durch Schwingen den Schall in das Innere Ohr fort. Die in der Paukenhöhle liegenden Gehörknöchelchen: Hammer, Amboß und Steigbügel, setzten sich ebenfalls in Bewegung. Der Hammer schlug auf den Amboß, dieser pflanzte den Druck weiter durch den an ihm befestigten Steigbügel, welcher den Vorhof des ovalen Fensterchens trifft, und so gelangten die Schallwellen durch das Labyrinth zur Schnecke, dem wichtigsten Teil des inneren Ohres, da sich in ihr die Gehörsnerven befinden. Diese übermittelten nun den Schall dem Gehirn und dadurch dem Bewußtsein Tells.

Nach Verlauf einer neuntel Sekunde vernahm er den Hilferuf des verunglückten Knaben, und keinen Augenblick säumend verwandelte Tell schleunigst sein labiles Gleichgewicht in ein indifferentes, indem er sich todesmutig in den wilden Strom stürzte. Mit seinen trotz seines vorgeschrittenen Alters noch kräftigen vier Hebeln zerteilte er die Flut, was ihm leicht möglich war, da das Wasser, wie alle flüssigen Körper, wohl ein unveränderliches Volumen, aber keine selbständige Gestalt besitzt, und indem er seine Glieder unter Wasser hielt, verringerte er sein spezifisches Gewicht. Durch dieses Verhalten gelang es dem Helden, den schon sinkenden Knaben zu fassen und dank der Reibung fest zu halten. Hierauf schwamm er an das Ufer, auf welches er denselben rettete.

Durch diese Anstrengung waren aber seine Muskelstränge so affiziert, daß er nicht länger mehr im Stande war, den anströmenden Wellen Widerstand zu leisten. Die Flut ergriff ihn, sein Gleichgewicht wurde gestört, dadurch nahm sein spezifisches Gewicht zu, und er sank unter. Da jedoch das Wasser aus Sauerstoff und Wasserstoff besteht, und in demselben infolgedessen zu wenig atmosphärische Luft enthalten ist, konnten seine Lungen ihre Tätigkeit nicht mehr verrichten, und er starb den Erstickungstod.

Nachdem nun einige Tage vergangen waren, entwickelten sich in seinem Körper Gase, die denselben ausdehnten und sein Volumen vergrößerten. Bald kam er wieder an die Oberfläche des Wassers. Einigen Schweizer Eidgenossen, die sich am Ufer in labilem Gleichgewicht befanden, deren Schwerpunkt folglich über dem Unterstützungspunkte lag, fiel, da sie weder an Kurzsichtigkeit noch Weitsichtigkeit litten – diesen häufig vorkommenden Krankheiten in den Cilliargefäßen –, das Bild des auf dem Wasser schwimmenden Leichnams auf die Netzhaut. Nachdem eine siebentel Sekunde verflossen war, erkannten sie auch wirklich, da sie frei von sphärischen Strahlenbrechung und chromatischer Zerstreuung waren, den toten Leib ihres Befreiers »Wilhelm Tell«. – Von Trauer erfüllt, entleerten diese treuen Schweizer durch Überreizung der Gehirnnerven ihre Tränensäcke, und nachdem sie ihrer Klage durch starkes Zurückneigen des Schildknorpels und heftiges Schwingen der Stimmbänder kund gegeben hatten, begruben sie, vermöge einer aus Hebel und Keil zusammengesetzten Maschine, ihren geliebten Retter, damit sein Leib abgeschlossen von Luft den zweiten chemischen Verbrennungsprozess durchmache.«

Die Großherzogin und Monsieur Möry lachten über meinen Einfall Tränen, und die Großherzogin war so sehr darüber amüsiert, daß sie mich bat, ich möchte ihr doch eine Abschrift meines Vortrages für den Großherzog machen. Darüber war ich natürlich sehr geschmeichelt und führte den großherzoglichen Befehl schleunigst aus.

Jedes Jahr, am Geburtstag der hohen Frau und am Stiftungstag des Pensionats und öfters auch an Kaisers Geburtstag, wurde im Pensionat eine kleine Theateraufführung veranstaltet, zu der Großherzogin Luise, wenn es ihr irgend möglich war, mit den Damen, oft auch mit den Herrn ihrer Umgebung erschien. Die Vorbereitung für solche Feste waren unser ganzes Vergnügen, die Verteilung der Rollen, die Proben, die Anfertigung der Kostüme hielten uns wochenlang in größter Spannung und nahmen unsere ganze Zeit in Anspruch. Regisseur war in der Regel, wenigstens für alle französischen Aufführungen, Mademoiselle Meylan, eine französische Schweizerin, deren Familie aber aus Südfrankreich nach Lausanne gewandert war. Mademoiselle Meylan hatte ein unverfälschtes romanisches Temperament mit allen guten und allen Schattenseiten. Sie war mir vom ersten Tag an so freundlich entgegengekommen und ihr Wesen war mir so sympathisch, daß wir gute Freunde wurden und es bis zu ihrem Tode geblieben sind. Da ich gut französisch sprach, dank dessen, daß in der Familie meiner Mutter die französische Sprache als zweite Umgangssprache gepflegt wurde und daß ich von klein an immer französische Bonnen hatte, so wurde ich von Mademoiselle Meylan sehr bald für das französische Ensemble der Pensionatsbühne gewonnen. Bald nach meinem Eintritt in das Pensionat war zum Stiftungsfest eine Feier gewesen, zu der wir die Huldigung der Künste aufführten. Die Regie dieser Feier war in den Händen von Fräulein Wert, der deutschen Lehrerin gewesen. Ich stellte einen Greis dar, der die Worte sagen mußte: »Ach, sie tritt aus Marmorhallen, aus dem hohen Saal der Pracht, wird die Hohe sich gefallen hier, wo über grünen Auen nur die gold'ne Sonne lacht!« – Nachdem mir mein Vers in den Proben immer sehr schön gelungen war, brach ich bei der Vorstellung mit tiefer Stimme in die Worte aus: »Ach, sie tritt aus Marmorsäulen, aus dem goldnen Saal der Pracht etc.!« – Ich merkte es, daß ich mich versprochen hatte, korrigierte mich aber nicht, in der Hoffnung, die anderen würden es überhört haben, was aber leider nicht der Fall war, und wer den Schaden hat, hat für den Spott nicht zu sorgen. Trotz dieses Mißerfolges stellte ich mich den Unternehmungen unserer Mademoiselle gern zur Verfügung. Sie war als Regisseur ebenso talentiert und fabelhaft wie als Lehrerin. Sie studierte jedes Wort, jede Silbe mit uns ein, und wenn wir so weit gediehen waren, daß wir die Verse anständig sprechen konnten, so mußten wir gehen und uns bewegen lernen, und schließlich mußte das Mienenspiel dem Ganzen der Rolle angepaßt werden. Auch die Kostüme wurden von Mademoiselle Meylan komponiert und zur Ausführung einer Theaterschneiderin übergeben, und ich glaube, daß die schließlich zustandegekommene Aufführung wirklich als gelungen bezeichnet werden konnte, wenigstens soweit die Anforderungen an eine Liebhaberbühne zugrunde gelegt wurden.

In der Regel wählte Mademoiselle Meylan Szenen aus einem Molièreschen Stück, und ich glaube, daß die Aufführung der »Femmes savantes« wohl zu dem Besten gehört hat, was wir gespielt haben. Ich hatte die Rolle von Trissotin, und meine Freundin Gabriele von Andrian-Werburg spielte meinen Gegner Vadius.

Ich schrieb über dieses Ereignis damals an meinen Vater folgendes: »Eine stürmische Woche ist vorbei! Nicht weniger als drei Mal mußten wir Les femmes savantes aufführen. Das erste Mal am Montag, wo nur Mr. Möry und einige Damen anwesend waren. Er wollte sich beinahe totlachen. Das zweite Mal am Dienstag vor der Großherzogin mit ihren Hofdamen, an diesem Tag ging es nicht sehr gut, weil die Zuschauer fürchterlich steif waren, und endlich das dritte Mal am Samstag vor der Großherzogin, einer Masse Damen, darunter Madame Ernst, die hier französische Vorträge hält, Monsieur und Madame Möry, dem Doktor Tenner und einem anderen Herrn. Madame Ernst, zu deren Ehren das Stück aufgeführt wurde, war sehr zufrieden. Mr. Möry war reizend, während wir spielten, klatschte er immer, wenn ihm etwas besonders gut gefiel, und nickte uns zu. Als die Aufführung vorbei war, kam er und schüttelte uns die Hand und gratulierte uns sehr, besonders hatte ich das Wohlgefallen aller erregt, durch mein männliches Benehmen. Mr. Möry hätte mich, glaube ich, beinahe umarmt. Er saß neben Madame Ernst und sagte ihr: ›O, si seulement vous pouviez voir les oeillades de Maria de Linden!‹ Ich machte nämlich der Philaminte immer Liebesaugen, was sein ganzes Entzücken hervorrief. Auch erzählte er mir, daß, wie ich das erste Mal aufgetreten sei, die Madame Ernst gesagt habe: ›Voilà le jeune Molière!‹ Sie fanden nämlich, daß ich in dem Kostüm Molière sehr ähnliche sehe.

Die Großherzogin rief uns ›Männer‹, Gaby und mich, zu sich und wir hatten die Ehre, ihre Hand zu schmatzen. Zum Schluß las Madame Ernst noch Gedichte vor, die reizend waren. Während ihres Vortrags saß Mr. Möry neben mir und machte die ganze Zeit den größten Unsinn. ›Vous voyez‹, flüsterte er mir zu, ›parcequ'elle vous a entendu, elle n'a plus du tout le courage de commencer!‹ und so machte er überall seine Bemerkungen. Ich unterhielt mich famos und zuletzt rief mich Madame Ernst zu sich: ›Jeune Molière!‹ Ich begab mich schleunigst zu ihr und radebrechte mein schönstes Französisch.«

Man sieht aus dieser Schilderung, wie gut unsere Lehrer es verstanden, und in diesem Fall speziell Mr. Möry, auf die einzelnen Schülerinnen einzugehen, und es ist begreiflich, daß ich je länger je lieber Schülerin des Victoriapensionates und der Victoriaschule war.

Bei meiner Versetzung in die erste Klasse bekam ich ein recht gutes Zeugnis. Meine besten Fächer waren Rechnen, Physik, Turnen und Religion. Geschichte, Literatur und Sprachen fesselten mich nicht im gleichen Maße. In diesen Fächern regten mich die Lehrer auch nicht sonderlich an. Professor Mangelsdorf, der Literaturlehrer, war zwar der Schwarm der meisten Schülerinnen in den zwei letzten Klassen, aber mir lag seine Art gar nicht, und ich möchte sagen, es fehlte von Anfang an zwischen uns der geistige Connex, der vorhanden sein muß, um zusammen arbeiten zu können. Ich machte unter seiner Leitung sichtbare Fortschritte, namentlich auch in meinen Aufsätzen, aber er riß mich nicht zu etwas außergewöhnlichen Leistungen mit, wie es später sein Nachfolger, Professor Häussner, vorzüglich verstanden hat. Aber gerade darin, daß ich in Literatur und Geschichte den Lehrer nötig hatte, um meine Leistungen meinem Können entsprechend zu gestalten, zeigt [sich], daß ich eben für diese Fächer weniger selbsttätige Anlagen hatte. Die Lehrer, die den Physik- und Rechenunterricht gaben, galten für entsetzlich langweilig und für ausgemachte Pedanten, ihre Stunden waren für mich indessen die reinsten Genüsse, und was sie vortrugen, heilige Offenbarungen. Ich arbeitete diese Stunden, namentlich die Physikstunden, auf das Genaueste aus, nahm mir noch Bücher zu Hilfe, um nicht ganz verstandene Punkte aufzuklären und das vorgetragene Thema aufs Gründlichste zu erweitern. In den Ferien verbrachte ich dann meine Abende damit, diese Ausarbeitungen in schön gebundene Hefte einzutragen mit allen dazu gehörigen Zeichnungen. Fräulein Schneemann interessierte sich sehr für meine so bestimmt gerichtete geistige Entwicklung, und als sie eines Tages den Besuch ihrer Nichte hatte, die Studentin an der Züricher Universität gewesen war, ließ sie mich eines meiner Hefte mit den Physik-Ausarbeitungen bringen. Fräulein Steinmann fand meinen Fleiß auch außergewöhnlich und sagte zu ihrer Tante: »Maria von Linden muß einmal nach Zürich zum Studium auf das Polytechnikum gehen.« – Dieses Wort fand bei mir den allergrößten Widerhall, und ich hatte nur einen Wunsch, zu erfahren, welche Vorbedingungen man erfüllen müsse, um an dem Polytechnikum zugelassen zu werden. Nach vielem Hin und Her entschloß ich mich, an das Sekretariat zu schreiben und einfach anzufragen. So viel ich mich erinnere, bekam ich ein Programm, in dem die Aufnahmebedingungen enthalten waren, lauter Dinge, von denen ich noch keine Ahnung hatte, und es wurde mir zur Gewißheit, daß meine Physikausarbeitung dazu nicht genügen würde. Für mich war aber damit der Fahrplan für meine Zukunft aufgestellt, und es handelte sich nur noch darum, die richtigen Züge zu finden. Als erstes ließ ich mir ein Lehrbuch der Geometrie und eine lateinische Grammatik von meinem Bruder, der damals noch im Kadettencorps war, kommen. Ich habe diese mir damals wahrhaft heiligen Bücher noch heute und freue mich jedesmal, wenn ich sie sehe und mich an die glücklichen Stunden erinnere, als ich aus ihnen ohne Lehrer in mühsamen Pflügen Weisheit schöpfte. Ich hatte ja nicht sehr viel Zeit, um mich auf Zürich vorzubereiten, da wir für die Schule doch reichlich zu arbeiten hatten, aber in den Pausen zwischen den Stunden, Samstag abends, wenn die anderen tanzten und sich amüsierten, und früh morgens, ehe die anderen auf waren, ließ sich doch eine Menge tun. In den Pausen benützte ich die Zeit, um die geometrischen Zeichnungen in den Sand zu zeichnen und die Lehrsätze daran zu repetieren.

Bei einer solchen Zeichnung gesellte sich Fräulein Schneemann zu mir und frug mich nach der Bedeutung der Zeichen. Ich erklärte ihr, was ich beweisen wollte. Sie war überrascht und sagte, sie möchte noch Näheres wissen, ich solle sie auf ihrem Spaziergang begleiten, sobald ich eine Freistunde hätte. Dieser Spaziergang wurde bald darauf unternommen, und nun forschte mich Fräulein Schneemann eingehend aus, was ich mit diesen Arbeiten bezwecke, die mir offenbar sehr große Freude machten. Ich sagte, ich wolle studieren, ohne daß ich mir ein Bild davon machen konnte, wie und wann ich dahin kommen würde und was ein Studium bedeuten und zu was mich ein Studium führen würde. Mir schwebte vor, ich würde so in die Lage kommen, mich mein Leben lang mit den Dingen weiter zu beschäftigen, die mir im Pensionat so große Freude machten. Unser Gespräch hatte zur Folge, daß Fräulein Schneemann mir erklärte, sie könne es nicht länger mit ansehen, daß ich mich in dieser Weise anstrenge, sie wolle an meine Eltern die Bitte richten, daß ich wenigstens in Mathematik Privatstunden erhielte, ich müßte einen Lehrer haben, der mir über die Schwierigkeiten hinweghelfe. Meine Begeisterung war auf ihrem Höhepunkt, obwohl ich es für unangebracht hielt, dem »überspannten Frauenzimmer« von dazumal um den Hals zu fallen, was es ja für diesen guten Einfall vollauf verdient hatte. Mein Prinzip, mich beherrscht zeigen zu wollen, ließ aber eine solche spontane Entgleisung nicht zu. Ich jubelte aber in meinem Innern und war sehr gespannt, ob meine Eltern zustimmen würden, denn es war auch eine Geldfrage. Eine andere Schwierigkeit war es, von der hohen Protektorin die Einwilligung zu erlangen, daß eines ihrer »V. P. Kinder«, wie wir genannt wurden, eine derartige Extratour tanzen durfte. Aber auch da war Fräulein Schneemann Fürsprecher, ein Fürsprecher, der sich nicht aus dem Konzept bringen ließ. Nun war ja Großherzogin Luise viel zu klug, als daß sie sich nicht schon längst gesagt hätte, daß ich keine ganz alltägliche Trägerin des Flügelkleides war, und viel zu großzügig, um nicht zu verstehen, daß meine absonderlichen Neigungen mich auch absonderliche Wege führen würden; und diese Wege so zu gestalten, wie sie es für gut und richtig hielten, darüber waren sich Großherzogin Luise und Fräulein Schneemann bald einig.

Ich bekam also meine Privatstunden in Mathematik, die mir Professor Rebmann, der Mathematik- und Naturgeschichtslehrer am Gymnasium, erteilte. Damit hatte Fräulein Schneemann einen glänzenden Griff getan, denn Professor Rebmann nahm seine Mission außerordentlich ernst, und obwohl ich anfangs in der Woche nur eine Stunde hatte, brachte er mich sehr schnell voran. Seine Methode war die synthetische, die mich zwang, alles selbst zu entwickeln und mich immer vor selbständige Aufgaben stellte, eine Quelle von Genuß für einen Menschen meiner Anlage. Diese Art der Anweisung war mir auch später von großem Nutzen, als ich vor die Aufgabe gestellt wurde, meine Studien in höherer Mathematik monatelang ohne Lehrer fortzusetzen.

Die Studien im Lateinischen setzte ich noch fast ein Jahr ohne Lehrer fort. Dabei war es mir aber eine große Hilfe, daß unsere reizende Miss Streuly, der ich durch englische Nachhilfestunden besonders nahegetreten war, sich entschloß, dieselben Studien mit mir zu verfolgen. So kam ich denn morgens schon um 6 Uhr zu unserer guten Miss, und wir lernten Deklinationen und Verben, Vokabeln und Lesestücke auswendig à qui mieux mieux. Auch da griff eines Tages Fräulein Schneemann rettend ein, indem sie unserem Geschichts- und Literaturlehrer, Professor Häussner, von unserem Tun erzählte und dabei bemerkte, auf diese Weise würde bestimmt nichts Vernünftiges dabei herauskommen, denn die Übersetzungen und die Aussprache müßten doch korrigiert werden. Herr Häussner, der auch zu den hilfsbereiten Menschen gehörte und sich für alles interessierte, was nicht gewöhnliches Niveau war, bot sich sofort an, uns alle 14 Tage unsere Arbeiten durchzusehen und zu korrigieren. Nachdem er dies einige Male ausgeführt hatte, machte es ihm solchen Spaß, daß er nun statt alle 14 Tage das Korrectoramt alle 8 Tage versah. Schließlich wurden, wiederum durch Vermittlung von Fräulein Schneemann, richtige Stunden daraus.

Wir waren inzwischen aus der Sophienstraße in die Kaiserstraße umgezogen, in ein sehr viel geräumigeres Haus, das bis dahin die Pension Rehbinder beherbergt hatte. Der Bau wurde durch Seitenflügel noch erweitert, so daß nun genügend Raum war, um Klassenzimmer einzurichten und den Unterricht für die Pensionärinnen in dasselbe Haus zu verlegen. Der Umzug erfolgte im Sommer 1885, und wir besuchten die Waldschule nur noch ein Semester lang, danach hatten wir mit Ausnahme der Religionsstunden allen Unterricht im Hause selbst. Obwohl mir das große Haus und der sehr hübsche Garten recht gut gefielen, auch die Abwechslung reizvoll war, so vermißte ich doch außerordentlich den Betrieb in der Schule mit allen Externen und mit dem täglichen dorthin Wandern, wobei einem doch immer allerhand Interessantes begegnete. Die meisten meiner Mitschülerinnen freuten sich, diese Schulgänge nicht mehr machen zu müssen, umsomehr als im Zusammenhang damit wir weniger früh aufstehen mußten, was mich, die ich damals spartanischen Sitten sehr zugetan war, eher störte als freute. Allein sehr bald war ich auch im neuen Haus mit dem neuen Lebenswandel eingewöhnt. Einschneidend war natürlich der Lehrerwechsel. Für mich war dieser Wechsel aber heilsam, denn statt Herrn Mengelsdorf, der mir weniger lag, bekamen wir als Geschichts- und Literaturlehrer Professor Häussner, ein Mann von raschem Temperament und ein Gelehrter von gründlichster Bildung und absolut genialer Veranlagung. Er besaß für mich das, was ich als geistigen Konnex und Eingestelltsein aufeinander bezeichne. Stellte er eine Frage, so kam mir die richtige Antwort, ich möchte sagen, aus dem Unterbewußtsein, ehe ich mir die Sache noch überlegt hatte. Plötzlich wurde ich auch in Literatur und Geschichte zur guten Schülerin, obwohl Häussner viel höhere Anforderungen stellte als Mengelsdorf. Die Geschichtsstunden, die Häussner gab, waren namentlich das Beste vom Besten, mehr für die Hochschule als für ein Mädchenpensionat. Er lehrte nicht wie sein Vorgänger in der Victoria-Schule Schlachten und Jahreszahlen, sondern bei ihm stand die Entwicklung der Völker und deren Kulturgeschichte im Vordergrund, alles andere waren nur die Merksteine für die Schritte eines Volkes, das sein Werden mit seinem Vergehen verbindet, sein Loslösen von anderen und sein Verschmelzen in anderen. Durch die Privatstunden, die mir Professor Häussner im Lateinischen gab, trat ich auch zu ihm und seiner Familie in persönlich nähere Beziehungen, geradeso, wie es auch bei Professor Rebmann der Fall war. Auf diese Weise erweiterte sich der Kreis meiner Beziehungen in Karlsruhe in eine Richtung, die mir in diesem Entwicklungsstadium sehr viel mehr lagen als die traditionellen, die anfingen, für mein Abzweigen vom gegebenen Weg einer kleinen Comtesse nicht volles Verständnis zu haben, oder für deren Interessen ich vielleicht nach und nach das Verständnis verlor. Sowohl Professor Rebmann wie Professor Häussner luden mich häufig zu Ausflügen ein, die sie sonntags mit ihrer Familie in den Schwarzwald machten, und ich erinnere mich heute noch mit viel Freude daran, wieviel ich von Rebmann auf naturwissenschaftlichem Gebiet und von Häussner in philosophischer Richtung lernte. Beide Herren waren Gegensätze, wie man sie nicht größer finden kann; Rebmann ganz und gar ausgeglichen, sich und die Situation beherrschend, dabei hart gegen sich, weich und empfindsam gegen andere, in glücklichster Ehe mit einer zeitweise schwer kranken, hochbegabten Frau lebend, Vater einer reizenden und ebenso klugen wie tüchtigen Tochter, die beide Eltern als geborene Pädagogen glänzend erzogen. Rebmann war einer der besten Lehrer, den ich kennengelernt habe, die Phantasie war aber vom Verstand immer beherrscht. Dagegen war Professor Häussner die geniale Natur, dessen Seele voll Schwung, im Alltag jedoch von Stimmungen und Befinden beherrscht war. Von diesen Hemmungen konnte er sich während des Unterrichts befreien, um dann aber wieder beim Glockenschlag in gedrückte Stimmung zu versinken, aus der ihn höchstens mein unverwüstlicher Humor auf Augenblicke reißen konnte. Diese Neigung zur Melancholie hatte sich besonders nach dem Tode seiner von ihm zärtlichst geliebten kleinen Tochter entwickelt und ihn nie mehr ganz verlassen. Die äußeren Lebensverhältnisse waren dabei, soweit ich es beurteilen konnte, für Professor Rebmann sehr viel schwieriger, als für Professor Häussner, dessen Frau nicht unvermögend zu sein schien. Allein in beiden Häusern, so verschieden sie waren, fand ich, was mir das Wichtigste war: wissenschaftliche Anregung und das wohlwollende Verständnis für mein Streben, dabei eine seltene uneigennützige, freundschaftliche Gesinnung.

Den Religionsunterricht nahmen wir in der Victoriaschule mit. Ich freute mich sehr darüber, denn die Stunden von Herrn Benz waren für mich immer anregend und interessant, wenn auch in denselben oft andere als rein religiöse Probleme besprochen wurden. Dekan Benz mochte mich ebenso gern leiden wie ich ihn, und ich durfte mir allerhand Lustiges bei ihm erlauben. Wenn es ihm gar zu bunt wurde, dann sagte er: »Gräfe, wenn Se was halte wolle, dann halte ses Maul.«

In einer Stunde hatte Dekan Benz von Kaiser Friedrich II. von Hohenstaufen gesagt, er wäre ein Ungläubiger gewesen, und hatte über ihn hergezogen, was mein Schwabenherz schwer gekränkt hatte. In einer der nächsten Stunden sprach er voll Bewunderung über Friedrich den Großen und sagte, als ich ihm vorhielt, der wäre doch ungläubig gewesen: »Ja, so einem großen Mann muß man schon etwas Unglauben zugute halten.« Das paßte mir nun gerade und ich erwiderte: »Dann verlange ich im Namen der Gerechtigkeit, daß Sie auch alles zurücknehmen, was Sie in dieser Beziehung über Friedrich von Hohenstaufen gesagt haben.« Dekan Benz ärgerte sich über mein temperamentvolles Eintreten für meine heimatliche Dynastie nicht, wie es vielleicht ein anderer Lehrer mit weniger Großzügigkeit getan haben würde. Er gab mir vollkommen recht und fügte lachend hinzu: »Ja, Gräfe, es ist nur schad, daß Sie kein Mann geworden sind, Sie hätten den besten Winkeladvokaten gegeben.«

Einzelne Mitschülerinnen waren mir ob der Narrenfreiheit, die ich bei unserem Religionslehrer genoß, weniger gewogen und sehr erfreut, wenn sie mir eins auswischen konnten. Dekan Benz verstand es aber, wenn er auch scheinbar gegen mich auftreten mußte, den betreffenden Ankläger noch sehr viel schärfer anzufassen. So hatte ich mich einmal bei irgend einer Antwort dumm benommen, worauf eine der Mitschülerinnen sich meldete und dem Dekan sagte: »Nicht wahr, Herr Dekan, die Schwaben werden überhaupt erst mit 40 Jahren gescheit?« Worauf Benz erwiderte: »Ja, das ist richtig, aber weißt Du, die Schwaben werden es mit 40 Jahren und Ihr werdet's nie.«

Dekan Benz war ein außerordentlich toleranter Herr. Der Religionsunterricht für die Protestanten, die in der Mehrzahl in der Schule waren, wurde von dem Hofprediger Helbing erteilt. Nun kam es manchmal der einen oder anderen Schülerin in den Sinn, kleine Hetzversuche zu machen, indem sie in der Religionsstunde erzählte, sie habe von der oder der protestantischen Schülerin gehört, Hofprediger Helbing habe das oder jenes über die Katholiken gesagt. Er fertigte derartige Hetzversuche stets damit ab, daß er erwiderte: »Da sieht man wieder, wie dumm Ihr seid, daß Ihr Euch solche Bären aufbinden laßt.« – Pensionat und Schule waren paritätisch, und ich muß sagen, alle vertretenen Konfessionen kamen glänzend nebeneinander aus, und wir wurden jedenfalls von unserem Religionslehrer immer angewiesen, die anderen ebenso zu achten, wie wir es von ihnen erwarteten, daß sie uns achteten. Alles Sichüberheben und Selbstgerechtsein auch auf religiöser Grundlage war ihm verhaßt, geradeso wie das Pharisäertum und die Scheinheiligkeit. So führte er öfters die Betschwestern an, die täglich mit scheinheiliger Miene in der Kirche sitzen und die man dann beim Herausgehen auf dem Kirchenplatz zusammenstehen sehe, »um die Leut' auszurichten«, und die das wichtigste Gebot der Nächstenliebe unbeachtet ließen. »So dürft Ihr's nicht machen, merkt Euch das.« – Als in Baden der Altkatholizismus Eingang fand, hatte Dekan Benz das Verdienst, daß er durch seine ruhige, vernünftige Art den größten Teil seiner Schäflein vom Übertritt zurückhielt. In seinem Unterricht betonte er immer das Gemeinsame der verschiedenen Konfessionen neben den Verschiedenheiten. Daß der gute Dekan Benz später unter dem sehr viel engeren und strengeren Wind, der von Freiburg wehte, viel zu leiden hatte, darüber ist kein Zweifel. Wie oft sagte er mir später, wenn ich ihn bei meinen Besuchen in Karlsruhe aufsuchte, ich machte mir keinen Begriff, was er unter den Hetzkaplänen zu leiden habe, das wären eben alles junge Leute, die vom Leben keine Ahnung hätten.

Eine köstliche Erholung waren für mich die Turnstunden, die in der Turnhalle des Gymnasiums stattfanden, da wir keinen Turnsaal hatten. Es waren verschiedene Klassen kombiniert, so daß Herr Zahn, unser Turnlehrer, eine ansehnliche Schar zu dirigieren hatte. Er war sehr stramm und energisch, so daß es ihm keine Schwierigkeiten machte, sein Pensum durchzuführen. Zuerst wurden immer Ordnungs- und Stabübungen gemacht und in der zweiten Stunde [wurde] zu Geräteübungen übergegangen. Letztere waren meine Leidenschaft, und in kurzer Zeit überholte ich alle meine Mitschülerinnen an Fertigkeit und Ausdauer. In starker Konkurrenz stand mit mir eine kleine Engländerin, Edith Leader, allein, wenn ich mein ganzes Wollen und Können zusammenraffte, so konnte ich mich auch ihr gegenüber behaupten. Manchmal wurden auch Turnspiele gemacht, in denen ich mich durch Wildheit auszeichnete und wo es mir einmal beim Einfangen einer Schülerin passierte, daß ich ihr einen tüchtigen Schopf ihres lang herabhängenden, wunderschönen blonden Haares ausriß, was die Betroffene aber in keiner Weise übel nahm. Heutzutage bei der »Bubikopf«-Mode könnte ein derartiges Unglück kaum passieren. Wenn ich den heutigen Turnanzug mit dem unsrigen vergleiche, so könnte ich auf die jetzige Generation neidisch werden. Was haben wir uns mit den langen Röcken und den anliegenden Taillen gequält! Später bekamen wir Turnblusen und statt der vielen Unterröcke, die man damals trug, eine Turnhose, was wir schon als große Erleichterung empfanden. Aber wenn wir bei Übungen am Barren zum Beispiel über das Holz sprangen, so mußte man besonders darauf achten, daß der Rock mitkam und nicht hängen blieb, denn sonst lag man totsicher auf dem Boden. Und wenn wir an den Ringen oder am Reck turnten, so stülpte sich unser fürchterlicher Rock leicht über den Kopf, so daß die Lage sehr unbequem und der Anblick sehr unästhetisch wurde. Es kam aber keiner Aufsichtsdame, die sich darüber schokkierte, in den Sinn, vorzuschlagen, wir sollten nur in Hosen turnen, diese Erleuchtung blieb einer späteren Generation vorbehalten. Allein, das Vergnügen am Turnen konnte mir auch der Rock nicht verderben, und vom zweiten Jahr an hatte ich nur noch die Note ›vorzüglich‹ in meinem Turnzeugnis, ebenso wie auch in Physik, in beiden Fächern war ich »hors de concurrence«.

Daß ich in den fremden Sprachen, die mir auch nicht schwer fielen, weniger gut abschnitt, war hauptsächlich auf Konto des mir eigenen Mangels jeglichen Gefühles für Orthographie zu setzen. Darin war ich auch vollkommen exceptionell. Professor Möry pflegte zu sagen, daß ich so eigentümliche Fehler mache, daß er sich das Wort immer erst hinschreiben müsse, um zu sehen, wo der Fehler stecke. Durch sehr viel Fleiß kam ich dahin, daß ich in einem zwei Seiten langen Extemporale nicht mehr 33, sondern nur acht Fehler hatte, aber auf fehlerfreie Arbeiten brachte ich es nicht. Über solche Mißerfolge ließ ich mir aber nie ein graues Haar wachsen, ich war zufrieden mit dem, was ich hatte und ließ auch anderen gern den Vorrang in Fächern, die mich wohl auch interessierten, aber nicht mein Steckenpferd waren.

Musikstunden hatte ich während meiner Pensionatszeit nicht. In der Singstunde meinte Herr Steinwarz, nachdem er meinen Baß gründlich in allen Lagen geprüft hatte, ich würde wohl nie ein Kind in den Schlaf wiegen können, und es wäre wohl verlorene Zeit, wenn ich die Stunden mitnehmen würde. Eine Zeitlang mußte ich, um mein Gehör zu bilden, zuhören, aber als Fräulein Schneemann sah, wie ich unter diesen musikalischen Genüssen litt, dispensierte sie mich von dieser Qual, aber heute noch klingt aus großer Ferne in meinem Ohr die Melodie »In den Linden rauscht der Wind, schlafe wohl Du Königskind!«, was dann von den Sängerinnen mir zu Ehren umgeändert wurde in »Schlafe wohl Du Grafenkind«.

Damit, daß ich in der Schule von Jahr zu Jahr besser abschnitt, verbesserte sich meine Stellung im Pensionat immer vorteilhafter. Weil ich stets guter Dinge und kein Spaßverderber war, im Gegenteil immer dabei war, wo ein lustiger Streich ausgeführt wurde, so hatte ich unter meinen Mitschülerinnen kaum Gegner und bei den Lehrerinnen, trotzdem ich mich eigentlich nicht erziehen ließ, einen Stein im Brett. Einmal organisierte ich eine sehr lustige Verschwörung. Man hatte uns den meiner Meinung nach ganz unberechtigten Vorwurf gemacht, daß wir zu viel redeten. Ich machte nun mit meinen Mitschülerinnen aus, daß wir drei Tage lang allesamt keinen Ton reden wollten, außer dem, was notwendig sei, das heißt nur dann, wenn wir von Lehrerinnen gefragt würden. Aber auch dann sollten wir nur kurz antworten. Bis auf wenige, die, da sie der Vorsteherin sehr nahe standen, nicht mitmachen wollten, traten sie alle der Verschwörung bei; und in der Tat, der summende Bienenstock war plötzlich wie ausgestorben. In der Frühe beim Frühstück empfanden die Lehrerinnen diese Ruhe, die offenbar die Folge ihres Tadels war, höchst angenehm. Beim Mittagessen war es ihnen schon nicht mehr ganz wohl, wenn sie ihre eigenen Stimmen allein hörten und von den gefragten Schülerinnen nur kurze Antworten erhielten. In den Schulstunden – einer der Lehrer hatte sich auch beklagt – wurde auf keinen Witz reagiert, alles saß stumm und ernst da, und der betreffende Lehrer bekam einen roten Kopf, weil er glaubte, er hätte einen zu dummen oder einen nicht verstandenen Witz gemacht. Um nun Professor Häussner nicht auch in diese Lage zu bringen, unterrichtete ich ihn vor der Stunde über die Lage, die ihn sehr amüsierte. Er frug, ob wir auch kein Dynamit unter den Pult gelegt hätten, darüber konnte ich ihn beruhigen. Am Ende des zweiten Tages war bereits eine Besprechung der Lehrerinnen und der Vorsteherin, und als am dritten Tag der Streik weitergeführt wurde, wurde uns befohlen wieder zu reden. Wir waren stolz, daß wir durch unser Schweigen den Lehrkörper in eine höchst ungemütliche Stimmung gebracht hatten und daß es gelungen war – wir waren damals gegen 40 Schülerinnen –, unseren Plan durchzuführen. Nun folgte eine große Untersuchung, wer diesen Streik angezettelt hatte. Wir ließen unsere Damen zuerst sich den Kopf zerbrechen. Als ich aber merkte, daß die Sache gegen eine unbeliebte Schülerin verwendet werden sollte, fand ich es an der Zeit, Licht in das Dunkel zu bringen. Als am Abend, wir waren schon alle im Dortoire, die Vorsteherin durch den Saal kam, saß ich gerade im roten Unterröckchen am Kapitel einer Säule, die den Saal stützte und zu Kletterübungen einlud. Auf die Frage der Vorsteherin, ob im Saal jemand wüßte, wer dieses Schweigemanöver angeregt habe, rutschte ich von meiner Säule herunter und trat mit männlichem Anstand vor unsere gute Vorsteherin und sprach mit einer eleganten Handbewegung: »C'est moi qui suis le chef de la conspiration.« Das Erstaunen war groß, aber weil ich es war, verlief alles im Sand, namentlich, da ich sagte, wir hätten zeigen wollen, daß wir auf Wunsch auch schweigen können.

Meine Pensionszeit neigte sich nun schnell dem Ende, nicht zu meiner Freude, denn ich konnte mir nicht mehr denken, wie ich ohne meine Studien weiterleben sollte. Allein es war nichts daran zu ändern, und meine Privatlehrer erleichterten mir den Abschied, indem sie mir vorschlugen, ich sollte zu Hause weiterarbeiten und ihnen die schriftlichen Ausarbeitungen zur Korrektur senden. Fräulein Schneemann bot mir an, doch recht oft zu Besuch zu kommen und weiter Stunden zu nehmen. Im Lateinischen war ich mit der Formenlehre fertig geworden und las Cicero und Ovid, und in Mathematik machte ich die Abiturientenaufgaben des humanistischen Gymnasiums. Wir hatten also trotz der geringen Stundenzahl ein hübsches Pensum erledigt.

Es ging nun an das Abschiednehmen. Die Großherzogin Luise ließ uns alle, die wir im Sommer 1887 austraten, mit der Vorsteherin zu sich kommen und überreichte uns ein Buch zum Abschied, in dem sie allerlei Sprüche gesammelt hatte. Die Hauptsache war mir das, was unsere hohe Protektorin auf die erste Seite dieses Buches geschrieben hatte: »Maria von Linden zur Erinnerung an Jahre tadellosen Fleißes«. Ich war stolz wie ein Spanier, und diese Anerkennung ließ alles andere, was in dieser Abschiedsstunde gesprochen wurde, in den Hintergrund treten.

Dann kamen die Besuche bei den Lehrern in der Victoriaschule. Jeder mußte uns in das Album schreiben. Mengelsdorf schrieb:

»Ursprünglich eigenen Sinn lasse Dir nicht rauben. Woran die Menge glaubt, ist leicht zu glauben.« Rebmann sprach mir aus der Seele mit dem kurzen Satz: »Where is a will there is a way«, und Professor Häussner sekundierte ihm mit den Versen: »Nie kampflos wird Dir ganz das Schöne im Leben geglückt sein, selbst Diamantenglanz will seiner Hülle entrückt sein, und windest Du einen Kranz, jede Blume dazu muß gepflückt sein.« Unseren guten Dekan Benz besuchten wir im Pfarrhaus, er bewirtete uns zum Abschied mit afrikanischem Wein, den die weißen Väter dort bauen, und nachdem er mir gestanden hatte, in der Schule sei es nicht mehr so schön, seitdem ich weg sei, ich wäre doch lustig gewesen und hätte was gekonnt, die anderen wären jetzt nur noch unartig, verabschiedeten wir uns von unserem gemütlichen und gemütvollen Seelenhirten. Beim Weggehen waren seine letzten Worte: »Gräfe, entweder sterbe Se bald, oder 's wird was ganz Bsonders aus Ihnen.«

Um mir den Abschied vom Pensionat zu versüßen, hatten meine Eltern mir erlaubt, eine Fußwanderung durch den Schwarzwald zu machen, und mir als Begleiterin unsere Haushälterin geschickt. Die letzten Tage wurde bei Fräulein Schneemann Abschied gefeiert, wir kamen jeden Abend zusammen, entwickelten Zukunftspläne, und wieder mußte ich mir sagen, um nicht in das Sentimentale zu verfallen: »Landgraf werde hart«, denn das Pensionat war meine zweite Heimat geworden, und hier hatte ich klar erkannt, wo mein Lebensglück zu suchen sei.

Mein erster Flug

An einem schönen Julimorgen des Jahres 1887 zogen, mit Ränzlein, Regenschirm und Kartentaschen ausgerüstet, zwei fröhliche Wandermädchen auf den Bahnhof in Karlsruhe, der damals noch in der nächsten Nähe des Hotels Germania in der Kriegsstraße lag.

Die ältere der beiden unternehmenden und für damalige Begriffe sehr apart aussehenden weiblichen Wesen war unsere lang bewährte, mir treu ergebene Haushälterin Fränze Boser, die jüngere meine Wenigkeit, hinter der sich jetzt die Tore des Victoriapensionats endgültig geschlossen hatten. Ich befand mich nun also wirklich, nicht nur bildlich, auf der Straße, die ins Leben führt.

Meine Gefährtin war mir von meinen Eltern mitgegeben worden, weil sie meinem außergewöhnlichen Wunsch, die Pensionszeit mit einer schönen Wanderung zu beenden, entsprechen wollten, ihr eben flügge gewordenes, ins Nest zurückkehrendes Schwälblein aber unmöglich ganz allein in der Welt herumirren lassen konnten. Meine Gefährtin hatte die Kasse und ich den Drang, nach Herzenslust alles zu genießen, was sich bei unserer Wanderung ins Unbekannte bot, die Rollen waren also gut verteilt.

Der Reiseplan war: bis Achern die Bahn zu benützen, dann aber, soweit unsere Kräfte es zulassen würden, den Schwarzwald bis Freiburg auf Schusters Rappen zu durchziehen, von Freiburg aus mit der Höllentalbahn ein Stück zu fahren, dann per pedes in den Württembergischen Schwarzwald hinüber zu wechseln, mit Sulz als Ziel, und in dem nahen Neunthausen unter dem gastlichen Dach meines Großonkels unser Abenteuer zu beschließen und, wenn nötig, unsere Börse, die ganze hundert Mark enthielt, wieder aufzufüllen. Allein, der Mensch denkt und Gott lenkt!

Der erste Tag verlief planmäßig. In Achern verließen wir den Zug und wanderten bei strahlendem Sonnenschein die schöne Straße von Achern nach Ottenhöfen und von dort zur Hornisgrinde, die Lungen voll köstlicher Schwarzwaldluft, damals noch frei von Autostaub. In mir überwog den Trennungsschmerz der Freiheitsdrang, das Bewußtsein, nun ganz mein eigener Herr zu sein, denn meine gute Fränze war dafür kein Hindernis, sie tat ja akkurat, was ich wollte. So pilgerten wir einträchtiglich und fröhlich durch Berg und Wald und Tal, wo sich überall Interessantes in Hülle und Fülle bot, und ich hatte vollauf zu tun, um meiner Begleiterin Falter und Käfer und Pflanzen und Steine, Formationen und Burgen zu nennen und zu erklären, so wie ich es von meinen Lehrern bei Ausflügen zu tun gelernt hatte.

Wir hatten außer unserer Schwäbischen Alb noch keine Berge gesehen, und so machten uns die, so weit das Auge reichte, düster bewaldeten Höhen des Schwarzwaldes einen mächtigen Eindruck. Noch heute sehe ich den geheimnisvollen Mummelsee vor mir, umstanden von hohen schwarzen Tannen, der, ehe man den Weg zum Signalturm auf dem Gipfel der Hornisgrinde hinansteigt, plötzlich wie im Märchen den überraschten Beschauer bezaubert. Auf dem Gipfel des Berges konnten wir nicht lange verweilen, weil unser Tagesprogramm uns bis nach Oppenau führen sollte, und so stiegen wir denn wieder denselben Weg, den wir gekommen waren, zum Wolfsbrunnen herab, um in dem durch seine Lage verlokkenden, gleichnamigen Hotel uns für die weitere Wanderung zu stärken. Wir ließen uns bei ebenso gutem Wein köstliche Forellen schmecken, merkten aber zu unserem Leidwesen, daß diese hier eigentlich selbstverständliche Extravaganz ein großes Loch in unsere Reisekasse gerissen hatte. Sobald wir uns vom ersten Schrecken erholt hatten, ging es, der Fahrstraße nach, hinunter bis Achern und von dort abwärts bis zu der Einmündung des Fußweges über die Scherzenfelsen, hinweg über Geröllhalden, hinauf zu den romantischen Felsen, hinüber zum Rosenstein. Von dort führte ein sehr schöner Fußweg, über den Harzwald am Schwabenkopf vorbei, nach Allerheiligen. Wir erfreuten uns an den berühmten Klosterruinen, kehrten aber nicht ein, sondern folgten den Wasserfällen in das Lierbachtal. Es ist mir heute noch in Erinnerung, welch angenehme Kühlung uns bei den Wasserfällen umfing, nach der sehr heißen Wanderung über die Scherzenfelsen eine erwünschte Erholung. Gegen 9 Uhr erreichten wir Oppenau, wo wir in der Post einkehrten und Nachtquartier nahmen. Wir aßen hier zu Nacht, waren aber diesmal in der Wahl unserer Speisen etwas vorsichtiger. Da zu damaliger Zeit das Wandern, außer bei Handwerksburschen, wenig Sitte war, wurden wir, als wir mit unsern Ränzlein verstaubt und ermüdet ankamen, von Wirt und Gästen neugierig beäugt, was indessen unseren ehrlich erworbenen Appetit nicht beeinträchtigen konnte. Ehe ich mich zur Ruhe begab, berichtete ich von unseren Erlebnissen nach Hause und war stolz, schreiben zu können, daß ich meine Begleiterin ins Bett geschickt hätte, weil sie doch nicht so viel aushalten könne wie ich. Dann machte ich noch Notizen in mein für diese Reise angefangenes Tagebuch und kroch in mein Bett.

Am nächsten Morgen erwachten wir zeitig, allein es machte uns einige Schwierigkeiten, unsere durch den ungewohnten Marsch von 14 Stunden mit nur ½ stündiger Ruhepause ermüdeten Pedale wieder in Schuß zu bringen. Unser Plan war, über Peterstal und Griesbach auf den Kniebis zu gehen und von dort nach Wolfach, wo wir die Schwarzwaldbahn nach Triberg nehmen wollten, deren Schönheiten und verwegener Bau uns in der Post in den verführerischsten Farben geschildert wurde. Allein meine Begleiterin hatte nicht nur Muskelschmerzen, sondern außerdem Blasen an den Füssen, und wir beschlossen, einen nach Griesbach bestellten Wagen, der uns für ein kleines Trinkgeld mitnahm, zu benützen und unsere Fußwanderung erst von dort wieder zu beginnen. Diese Fahrt am taufrischen sonnigen Morgen war nicht nur außerordentlich schön, sondern auch sehr erholend, und in Griesbach gelandet, fühlten wir uns wieder vollkommen weiteren Strapazen gewachsen. Allerdings war unsere Reisekasse mittlerweile bedenklich zusammengeschmolzen, so daß wir uns genötigt sahen, in der Folge auf ein Mittagessen zu verzichten, auch zu einem Vesperle reichte es nicht, wenn wir unsere Reise in der geplanten Ausdehnung ausführen wollten. Glücklicherweise waren die Wege auf den Kniebis reich an Waldkirschen, die gerade reif waren und den Boden bedeckten. Sie waren uns eine willkommene Labung, um so willkommener, als es meiner Begleiterin nicht gelang, in den einzelstehenden Höfen um den Kniebis Milch oder Brot zu kaufen. Wir erschienen den Bauersfrauen offenbar verdächtig. So pilgerten wir denn weiter, höchst zufrieden im Andenken an die guten Forellen, die wir Tage zuvor gegessen hatten, und amüsierten uns über unser immer mehr vagabundenähnliches Leben. Tapfer trabten wir bis nach Wolfach und hatten das Glück, den Abendzug nach Triberg zu erreichen, wo wir gegen acht Uhr ankamen. In Triberg war aber gerade »haute saison« und alle Gasthöfe [waren] überfüllt; vielleicht scheuten sich auch die Leute, zwei wandernde weibliche Wesen ohne Gepäck in ihren heiligen Hallen aufzunehmen. Kurzum, wir pilgerten von Gasthof zu Gasthof ohne den gewünschten Erfolg, bis schließlich ein hilfsbereiter Hausknecht uns ins Rössle begleitete, wo er noch eine Unterkunftsmöglichkeit vermutete. Der gute Mann hatte recht, und das Rössle öffnete uns seine Pforten. Wir befanden uns nun keineswegs in einem Luxushotel, sondern in einem höchst primitiven Wirtschäftle, das an einfacher Aufmachung, aber auch an

Sauberkeit nichts zu wünschen übrig ließ. Von den Wänden unseres Kämmerleins hingen die Tapeten an mehreren Stellen in malerischem Fall herab, die Betten waren aber mit blendend reinem Linnen überzogen, wenn auch die Härte des Lagers für spartanische Neigungen berechnet schien. Durch Ritzen in der Bretterwand, die unsere Kammer von der nächsten trennte, konnte man sich vergewissern, wen einem das Schicksal zum Nachbarn gegeben hatte, und als wir am nächsten Morgen durch lautes Gepolter geweckt wurden, konnten wir feststellen, daß zwei Hausierer unseren Schlaf bewacht hatten. Es war nun auch für uns Zeit, uns vom Lager zu erheben, um die Wanderschaft noch in den kühlen Morgenstunden zu beginnen. Da das im Rössle verzehrte Abendessen nicht auf einen erstklassigen Kaffee schließen ließ, zogen wir vor, in einem Restaurant über den Wasserfällen zu frühstücken und uns bei schönster Aussicht für den Rest des Tages zu stärken. Hierauf sahen wir uns das nette, durch seine Uhrenindustrie weit bekannte Städtchen an und stiegen dann hinauf nach St. Georgen, dem höchsten Punkt der Schwarzwaldbahn. Wir waren nun gar nicht mehr weit von der württembergischen Grenze und überlegten, ob wir angesichts unserer Geldknappheit nicht gleich zum hilfsbereiten Großonkel hinüberwandern sollten, denn wir waren ja durch nichts an eine Marschroute gebunden, wohin wir wollten, konnten wir ziehen, wo es uns paßte, konnten wir rasten, wo es uns beliebte, konnten wir unsere Zelte aufschlagen oder abbrechen, und das war ja das Verlockende an dem ganzen Unternehmen. Allein, warum unsere Freizügigkeit früher abbrechen, war es nicht reizvoller, den ursprünglichen Plan durchzuführen, auch um den Preis kleiner Entbehrungen, die durch andere Genüsse aufgewogen wurden? Diese Überlegung veranlaßte uns, zu Tal zu steigen und unsere Marschroute programmäßig fortzusetzen, die uns gegen Abend nach Waldkirch führte. Dort fanden wir im Gegensatz zu Triberg sehr gute Unterkunft und einen Wirt, der für unser Unternehmen großes Interesse zeigte. Den folgenden Morgen dirigierte er uns auf die schönsten Aussichtspunkte, bis es Zeit wurde, den Zug nach Freiburg zu nehmen, wo mich eine Pensionsfreundin erwartete, die mich eingeladen hatte, den Tag in dem Hause ihrer Schwester vergnügt zu verbringen. An diesem Tage brauchten wir also nicht zu fasten, es war im Gegenteil Gelegenheit geboten, sich für vergangene Karenz zu entschädigen und für den folgenden Tag Spannkräfte zu sammeln. Freiburg und nächste Umgebung wurde uns teils zu Fuß, teils im Wagen gezeigt, und besonderen Eindruck machte mir der Schloßberg und der schöne Ausblick, den er auf die Stadt gewährt. Gegen Abend sollte dann die Fahrt ins Höllental angetreten werden. Meine Freundin brachte uns mit ihrem jüngeren Bruder zur Bahn, der sich ritterlich unser annahm und uns in den Zug setzte. Nach sehr herzlichem Abschied setzte sich das Zügle in Bewegung, und Freiburg mit seinen Türmen verschwand in der Ferne, fort rollten wir unserem Ziel entgegen.

Aber, oh Schreck, der angebliche Höllentalzug schlug plötzlich ein so höllisches Tempo an, wie wir es bei einem Bummelzug noch nie erlebt hatten. Gleichzeitig entfernten wir uns ostentativ von den Schwarzwaldbergen, in deren ganzen Zauber wir doch eintreten wollten. Wir ahnten Böses, und bald kam der revidierende Schaffner, um unsere böse Ahnung zu bestätigen: wir saßen im Blitzzug nach Basel! An ein Umkehren war aus dem einfachen Grund nicht zu denken, weil der Zug unterwegs keine Station machte, und es blieb uns dann nichts übrig, als uns mit guter Laune ins Unabänderliche zu fügen. Das war auch nicht so schwer, denn auch das Unerwartete kann seine Reize haben. In diesem Fall war es doch schön, ganz ungewollt im Blitzzug durch unbekannte Gegenden zu sausen, ein Luxus, der uns nie gestattet worden wäre, und ein Ziel zu erreichen, an das wir gar nicht gedacht hatten, das uns noch dazu über die Landesgrenze hinausführen sollte.

Die Kehrseite der Medaille war natürlich die, daß diese Extratour für unsere Kasse katastrophal zu werden drohte. Wir hatten zehn Francs nachzuzahlen. Allein, ich hatte zum Glück kleine Ersparnisse an Taschengeld bei mir, mit denen ich das Defizit decken konnte. So landeten wir glücklich und bester Stimmung in Basel und befanden uns auf Schweizer Boden. Ein sehr nettes Hotel in der Nähe des Bahnhofes nahm uns auf, und dort hielten wir nun Rat, wie wir unsere Reise weiter gestalten sollten. An eine Rückreise über Freiburg ins Höllental war angesichts unseres mageren Beutelchens nicht zu denken, und wir beschlossen, uns für den entgangenen Genuß durch eine Fahrt mit dem Schiff den Oberrhein hinauf und über den Bodensee nach Friedrichshafen schadlos zu halten. Wir dachten dann, über Ulm nach Burgberg zurückzukehren, schlimmstenfalls in Ulm die Güte einer lieben Tante in Anspruch zu nehmen. Auch der Plan wurde erwogen, falls unsere Gelder reichen sollten, noch über Hechingen nach Sulz zu fahren und in Hechingen eine Füllung unseres geleerten Säckels von meiner dort wohnenden Patin zu erbitten, um dann doch nicht auf den Besuch bei meinem Großonkel verzichten zu müssen, auf den ich mich sehr gefreut hatte.

Am nächsten Morgen besprach ich meinen Reiseplan mit einem älteren Herrn, der, als wir zum Frühstück kamen, das Fremdenbuch ansah und sehr höflich gegen uns war. Ich weiß nicht weshalb, aber ich hielt ihn für den Wirt des Hauses. Er gab uns die besten Ratschläge, wie wir unsere weiteren Unternehmungen genußreich und billig gestalten könnten, und als es Zeit zum Aufbruch wurde und ich den freundlichen Wirt um die Rechnung bat, war mein Erstaunen groß, als er sich als der Württembergische Finanzminister entpuppte! Auch seine Freude war keine kleine, und wir lachten alle über die Verwechslung.

Die Eisenbahn brachte uns nun nach Neuhausen zum Rheinfall. Wir konnten uns von dem herrlichen Schauspiel nicht so schnell trennen und gaben unserer festlichen Stimmung Ausdruck in einer halben Flasche Affenthaler, die wir mit einem belegten Brot dem jugendlichen Vater Rhein weihten. Auch eine Epistel wurde nach Hause geschrieben, in der ich allerdings nicht vermerkte, auf welch unfreiwillige Weise wir plötzlich an dem Oberrhein auftauchten, ich begründete die Abänderung unserer Reisepläne damit, daß alle Orte im Höllental so überfüllt seien, daß wir lieber nach Basel gefahren seien, um Oberrhein und Bodensee kennen zu lernen. Wir schrieben auch, daß uns kaum noch 20 Mark verblieben, daß wir unseren Neunthausener Plan wohl kaum zur Durchführung bringen könnten, denn das Reisen zu Fuß sei des öfteren Übernachtens wegen doch recht kostpielig, durchschnittlich hätten wir am Tag 9 Mark, einmal auch 23 Mark, gebraucht, das war unser erster Forellentag!

Von Neuhausen gingen wir dann zu Fuß nach Schaffhausen und erreichten dort einen kleinen Frachtdampfer, der zu Berge fuhr, und der Affenthaler hatte uns in die richtige Stimmung versetzt, um den Schauplatz Scheffelschen Lebens und Dichtens zu genießen. So ließen wir denn in Gesellschaft eines kleinen Kälbleins und einer Menge von Fässern und Kisten die sonnigen, rebenbewachsenen Hügel des Oberrheins an uns vorüberziehen. In Überlingen mußten wir auf einen Bodenseedampfer umsteigen, und nun erwartete uns noch größerer Naturgenuß: das Schwäbische Meer und die Schweizer Berge, über allen der Säntis – für mich der Höhepunkt des Herrlichen, und ich pries den Zufall, der uns gerade hierher geführt hatte. Auch jetzt leistete uns das Kälblein Gesellschaft, und umfächelt von den warmen Lüften des Südens durchschnitten wir die durchsichtig smaragdgrünen Fluten, wonnetrunken, wenn auch leer im Beutel und allmählich auch im Magen, denn die Seeluft machte sich in ihrer appetitanregenden Weise fühlbar. Spät abends kamen wir in Friedrichshafen an, und wir erreichten noch einen Anschluß nach Ravensburg, wo wir annahmen, daß wir für Nachtquartier und Abendessen zivilere Preise finden würden als in dem durch Fremdenverkehr gesegneten Friedrichshafen.

Es kostete uns allerdings große Überwindung, den schönen See zu verlassen. Gegen elf Uhr kamen wir in Ravensburg an, nahmen in einem sehr netten Hotel Wohnung, das nahe der Bahn gelegen war, und meiner Begleiterin lag es nun ob, aus der zur Wahl gestellten Speisen die billigste und nahrhafteste, aber auch meinem Geschmack einigermaßen zusagende auszusuchen. Wenn ich mich recht erinnere, so fiel die Wahl auf Schinkenwurst und Spiegeleier. Nach diesem wohlverdienten Mahl schliefen wir ausgezeichnet, und mir gaukelte der Traumgott vor, der Wirt habe mich beim Frühstück gefragt, ob er mir Zeche und Übernachten nicht lieber auf Rechnung schreiben sollte. Der Traum war leider Schaum, aber immerhin der Vorbote einer sehr mäßigen Rechnung, die allerdings bar zu entrichten war. Wir nahmen den Morgenzug, der gegen sechs Uhr abfuhr, verzichteten aus guten Gründen auf Frühstück und bestiegen den Zug, der eine Unmenge Schäfer in blauen Hemden zum Schafmarkt nach Ulm führte. Diese hatten große Freude über unsere Anwesenheit, und meine Begleiterin war in steter Sorge, daß die Blauhemden gar zu fidel werden könnten. Es verlief aber alles in höchst harmloser Weise. Als wir nun in Ulm angekommen waren, hatten wir begreiflicherweise einen rechtschaffenen Hunger bekommen, den wir nicht mehr mit unserer elenden Barschaft stillen konnten, denn wir mußten meinen Eltern unser Kommen telegraphisch anzeigen – schon des Mittagessens wegen, auf das wir stark reflectierten. Nun entsannen wir uns, daß in Ulm unser Wurstlieferant war, und ich bat meine Begleiterin, die im Geschäft bekannt war, eine Portion Würste auf Verrechnung zu holen, die ihr auch anstandslos ausgefolgt wurden. Ich selbst begab mich auf das Telegraphenbureau, um daheim unser Kommen zu avisieren. Dabei kam mir der glänzende Gedanke, den Beamten zu fragen, ob man nicht gegen Nachnahme telegraphieren könnte. Trotzdem der Text des Telegrammes: Geld aus, ankommen ½ 1 Uhr – vor ihm lag, lehnte er lächelnd die Möglichkeit eines Nachnahme-Telegramms ab. So langte, nachdem auch noch die Billette bis Hermaringen erstanden waren, unser Vermögen nur doch dazu, zwei Laugenbrezeln zu erstehen, den erwünschten und bei einem Nachnahmetelegramm möglichen Kaffee mußten wir uns verkneifen. Wir hielten uns aber an den Würsten schadlos.

Meine Eltern waren gerade in dem nahen Lohntal in der Kirche und lauschten andächtig der Legende vom verlorenen Sohn und seiner Heimkehr, als ihnen die Meldung von der heimkehrenden Tochter gebracht wurde. Sie waren froh, daß das Kalb schon am Schmoren war, als Grundlage für einen festlichen Empfang. Wir aber liefen fahrplanmäßig mit *einem* blanken Pfennig Überschuß im Beutel in Hermaringen ein, wo uns meine liebe Mutter freudigst empfing. Wir waren stolz, nach diesem ersten Flug in die Welt bewiesen zu haben, daß wir auch über schwierige Verhältnisse und widrige Zufälligkeiten mit guter Laune Herr geworden waren.

Von meinem heutigen Standpunkt aus gesehen, waren zwei Dinge symptomatisch für mein späteres Leben: der Kampf mit dem Portemonnaie und die Fähigkeit, aus diesem Ringen mit den Verhältnissen ohne Einbuße an Lebensfreude hervorzugehen – das Ergebnis der von meiner Mutter ererbten Lebenskunst.

Im Elternhaus (1888–1891)

Nun war ich also wieder zu Hause, bei meinen Eltern, die mein Kommen sehnsüchtig erwartet hatten, in meinem geliebten Burgberg. Alles war noch wie früher, wie vor vier Jahren, als ich fortgezogen war, aber ich hatte mich verändert. Meine Einstellung zu allem, was mich umgab, war eine andere geworden. Ich hatte gesehen, daß Burgberg nicht die Welt bedeutet, auch nicht für mich, wie es früher der Fall war. Schon als Kind hatte ich bisweilen einen unbestimmten Zug in die Ferne, der sich damals in meinen Indianergeschichten niederschlug. Jetzt war dieses Streben nach außen ein ganz bestimmt gerichtetes geworden, mit einem Ziel, das mir in Karlsruhe einigermaßen klar geworden war. Außer der Heimat und außer meinen Eltern gab es nun für mich noch ein Drittes, die Arbeit, um Wissen zu erwerben, vielleicht, um Wissen zu schaffen, und dieses Dritte war so mächtig, so unwiderstehlich, daß ich ihm alles andere zu opfern bereit war. Mein Aufenthalt im Elternhaus konnte nur ein Übergang sein, eine Vorbereitung für den Sprung ins Leben, so wie es mir jetzt allein lebenswert erschien: durch eigene Kraft wollte ich unabhängig und selbständig werden.

Ich verhehlte mir auch nicht, daß meines Bleibens in Burgberg schon aus dem Grund nicht sein konnte, weil Burgberg Familienfideikommiß war und mir, jedenfalls solange männliche Descendenten der Stifter, meiner Großeltern, vorhanden waren, die jetzt durch meinen Bruder und einen Vetter repräsentiert wurden, neben meinem Vater und Onkel als der älteren Generation, nicht gehören würde. Mein Vater war damals schon kränklich, es war nicht anzunehmen, daß er ein hohes Alter erreichen würde, es hatte auch deshalb keinen Zweck, mich an Burgberg zu ketten, im Gegenteil, die Bande, die mich an die alte Heimat fesselten, sie mußten gelockert werden, um, wenn der Abschied kam, diesen leichter zu machen.

Unsere pekuniäre Lage war auch nicht derart, daß ich, ohne meine Selbständigkeit zu verlieren, ein Drohnenleben führen konnte, ich wollte weder heiraten noch von meinen Verwandten abhängig sein, auch diesem zu entrinnen, half nur die Arbeit.

Es traf sich also, daß meine Neigung mich in dieselbe Bahn lenkte wie die verstandesmäßige Überlegung.

Meine guten Eltern dachten natürlich ganz anders. Sie glaubten mich nun wieder ganz zu haben. Mein Vater hoffte, eine Gehilfin in mir zu bekommen, die ihn in allen, namentlich weiblichen Zweigen der Gutsverwaltung unterstützen würde. Er dachte, mich durch diese Arbeit noch mehr an die auch mir liebe Scholle zu fesseln, ohne sich klar zu machen, daß, so wie die Verhältnisse wirklich lagen, daraus nie eine würdige Existenz für mich werden konnte. Mein Vater wurde nach dieser Richtung von seinem Bruder Karl noch unterstützt, der einmal beiläufig den Gedanken aussprach, er würde es begrüßen, wenn ich später die Verwaltung des Gutes für die Besitzer übernehmen würde.

Ich kannte also die meinen Plänen drohenden Gefahrpunkte, aber da ich kein Freund von theoretischen Erörterungen war und in meinen Plänen alles erst Gestalt annehmen mußte, um bestimmt hervortreten zu können, so vermied ich, an die meine Eltern und mich trennenden Gedanken über die Gestaltung meiner Zukunft überhaupt zu rühren. Wenn meine Eltern mich beobachteten, so mußte ihnen ja bald klar werden, wohin mein Streben ging.

Kaum hatte ich meine Bücher ausgepackt, als ich mir einen ganz bestimmten Stundenplan machte und mich, ich möchte fast sagen, fieberhaft in die Studien stürzte; ich wollte doch nichts von meinen in Karlsruhe erworbenen Kenntnissen vergessen und mußte auch neue dazugewinnen. Früh morgens um sieben Uhr saß ich bereits hinter meinen Büchern und Heften, zum Frühstück begrüßte ich meine Eltern, um dann wieder in meine Gemächer im Nordflügel des Schlosses zu verschwinden. Beim Mittagessen fanden wir uns wieder zusammen, und später begleitete ich meinen Vater auf seinen täglichen Spaziergang, der regelmäßig in die Felder führte und keine große Abwechslung bot. Danach konnte ich mich wieder an meinen geliebten Büchern oder auch an anderen Dingen erfreuen, die mich interessierten. Nach dem Abendessen widmete ich mich der Familie, wie mein Vater halb kritisierend zu scherzen pflegte, und wir lasen dann gemeinsam irgendein Buch, das ich mir aussuchen durfte. Ich stand auch in eifriger Korrespondenz mit meinen Karlsruher Professoren. Diese hatten mir ein Pensum gestellt, das ich mit dem Ziel des Abiturs im Auge durcharbeiten sollte. Sie korrigierten mir meine Arbeiten, gaben mir allerhand

Anregung in den Briefen, so daß ich Führung und Leitung nie ganz verlor.

Daneben übte ich mich in der systematischen Beobachtung von Naturvorgängen, zu der mich namentlich mein Mathematiklehrer, Professor Rebmann, in Karlsruhe angeleitet hatte. Ich machte metereologische Aufzeichnungen und verarbeitete die Messungen in Kurven. An schönen Tagen zog ich mit unserer Haushälterin in die Steinbrüche der Umgegend, und so vergrößerte sich in unheimlicher Schnelligkeit meine Petrefactensammlung, die ich schon als Kind angelegt hatte. Sie füllte bald sämtliche Behältnisse meines Wohnzimmers. Stundenweit schleppten wir die schwersten Rucksäcke voll Steine herbei, und jede von uns war mit einem Geologenhammer bewaffnet, der uns gleichzeitig im Bedürfnisfall zur Abwehr dienen konnte. So ließen uns meine Eltern unbesorgt ziehen. Besonders genußreich war es für uns, wenn wir bei Tagesanbruch mit dem Leiterwagen eine weitere Strecke zurücklegen konnten, in Fällen, wo etwas eingeholt oder fortgefahren werden mußte. Wir hatten dann den ganzen Tag Zeit, uns in den Steinbrüchen herumzutreiben, und nur den Rückweg zu gehen.

Durch meine Studien war meine Zeit so ausgefüllt, daß es kaum möglich war, mich zu anderem heranzuziehen. Ich merkte wohl, daß mein Vater seine Absichten noch nicht aufgegeben hatte, meine Abwehrtaktik war aber die, ihn durch mein ganz zielbewußtes Arbeiten nicht dazu kommen zu lassen, einzugreifen. Ich sah ja auch, daß er im Grund stolz darauf war, daß ich diese Interessen hatte und wußte, was ich wollte. Meine Mutter hatte vollstes Verständnis für mich, weil auch sie sich für mein Tun und Treiben interessierte. Die einzige Sorge, die sie beseelte, war nur die, daß unter meiner fieberhaften Tätigkeit meine Gesundheit leiden könnte.

In einer Sache ging ich meinem Vater aber doch helfend zur Hand, aber nicht aus ganz unegoistischen Motiven. Ich bot mich an, ihm die Gutsrechnungen ins Reine zu schreiben, aber gegen Bezahlung, und das, was ich mir so verdiente, sollte für meine geheimsten Zwecke nutzbar gemacht werden.

Wie alle Eltern in damaliger Zeit, so wünschten auch die meinigen, daß ich mich verheiraten möchte. Jede Andeutung nach dieser Richtung wurde aber von mir überhört oder unzweideutig abgelehnt. Daher wurde das Thema auch bald nicht weiter berührt.

Eines Tages wurde mir verkündet, ich solle mich am Nachmittag bereit halten, um in der Nachbarschaft einen Besuch zu machen, ich sollte dort als nun erwachsene Tochter vorgestellt werden. Diese Sache machte mich stutzig, weil wir früher nie Besuche gemacht hatten und kaum im Verkehr standen. Ich wurde noch stutziger, als meine Mutter einfließen ließ, ich möchte mich nett anziehen, und in mir bestärkte sich die Vermutung, daß der Besuch weniger meiner Vorstellung als der Begegnung mit dem Sohn des Hauses galt. Ich sagte mir: caveant consules!

In meinem Kleiderschrank hing als Reliquie aus der Pensionszeit wohl verwahrt mein einstiges Sonntagskleid, beigefarben und mit schmalen roten Linien, einfach und schlicht, wie es einem Pensionsmädel ziemt, das mir auch ursprünglich, als es mir noch saß, recht gut gestanden hatte. Inzwischen war die Taille zu kurz und eng geworden, ebenso der Rock, und Schnitt und Genre entsprachen nicht mehr ganz meinem Alter. Dazu setzte ich meinen Pensionshut auf, der zwar kleidsam [war], aber auch nicht mehr der neuesten Mode entsprach. Um aber ostentativ dem Wunsch meiner Mutter, mich nett zu machen, zu entsprechen, komplettierte ich meinen Anzug durch eine sehr schöne Brosche und begab mich in dieser Aufmachung nach unten, als der Wagen vorgefahren war.

Mein Vater war starr über dieses Zerrbild von Tochter und sagte meiner Mutter leise, sie möchte mich veranlassen, etwas anderes anzuziehen. Mein Mütterlein kannte mich aber und erwiderte: »Das hat keinen Zweck, denn sonst geht sie überhaupt nicht mit.« Ich tat, als ob ich nichts merkte und mir wunderschön vorkäme, schmunzelte aber im Stillen, wenn ich mir vorstellte, welchen Eindruck ich bei unseren lieben Nachbarn machen würde. Der Empfang war sehr freundlich, wir gingen in den schönen Park, tranken dort Tee, der Sohn gesellte sich zu uns, ohne daß wir gegenseitig entflammt wären, und zum Schluß kam noch der jüngere Bruder, der kaum ernst bleiben konnte, weil er offenbar die Situation erfaßt hatte. Nach dieser ergebnislosen Brautfahrt wurde mir nie wieder etwas Ähnliches zugemutet.

Nun schien es mir aber Zeit, meinen Plänen eine bestimmte

Form zu geben, und ich vertraute mich eines Tages dem Bruder meines Vaters an, der großen Einfluß auf letzteren hatte. Dieser riet mir, mit meinem Großonkel Joseph, genannt »Bebi«, der in seiner Stellung als Minister die in diesem Fall wichtigen Beziehungen hatte und in der Lage war, die richtigen Wege zu weisen, über meine Absichten zu sprechen. Dieser Rat war ausgezeichnet, denn mein ritterlicher, für alles ideale Streben begeisterungsfähiger Großonkel verlangte nichts Besseres, als mir die Wege zu bereiten. Mit jugendlicher Frische und Energie, mit feiner Diplomatie und Menschenkenntnis wurde er nun der Verfechter meiner Ideen und der Organisator des Programms, das mich zum Ziele bringen sollte.

Mein Großonkel war der Meinung, meine Studienpläne müßten unter allen Umständen in Württemberg zur Durchführung kommen. In der Schweiz wäre es ein Leichtes gewesen, aber warum sollte in Württemberg nicht möglich gemacht werden, was in der Schweiz möglich war und sich bewährte.

Die erste Anfrage, die mein Großonkel an den württembergischen Kultusminister, Excellenz von Sarwey, richtete, ging dahin, ob es möglich sei, daß eine Dame mit der nötigen Vorbildung für den Fall, daß sie eine gute Dissertation vorzulegen in der Lage sein würde, an der Landes-Universität promovieren könnte. Er ging dabei von der Voraussetzung aus, daß diese Anfrage eher zu fruchtbaren Verhandlungen führen würde, als wenn er gleich das Problem des Studierens aufrollen würde. Er war überzeugt, daß dann im Lauf der Verhandlungen die Frage der Reifeprüfung und des Studiums von selbst zur Erörterung und schrittweisen Lösung kommen würde.

Wie originell, energisch und geistreich mein Großonkel die ganzen Verhandlungen geführt hat, geht aus dem zum Schluß beigefügten Briefwechsel hervor.

Wie Onkel Bebi vorausgesetzt hatte, so traf es auch ein, der Senat der naturwissenschaftlichen Fakultät in Tübingen machte zur Bedingung für eine eventuelle Zulassung zur Promotion die Ablegung der Reifeprüfung an einem württembergischen Gymnasium oder Realgymnasium. Er machte ferner zur Bedingung das Studium an einer deutschen Universität und stellte, ohne sich fest zu binden, in Aussicht, daß nach erlangter Reife sowohl die Zulassung

Joseph von Linden, »Onkel Bebi« (1890).

zum Studium wie auch zur Promotion vielleicht in Frage kommen könnte.

Der sehr wohlwollende Kultusminister eröffnete meinem Großonkel, daß er nichts gegen meine Ablegung der Reifeprüfung einzuwenden haben würde, für den Fall, daß der Rektor der betreffenden Schule einverstanden sein würde.

Nun wußte ich, was ich anzustreben hatte. Da für mich nur ein Realgymnasium in Betracht kommen konnte, da meine Vorbereitung bisher in dieser Richtung gelaufen war, so bat ich meinen Großonkel, mit dem Rektor des Realgymnasiums in Stuttgart, Herrn Oberstudienrat Dillmann, in Verbindung zu treten, um zu sondieren, wie er sich zu der Frage stellen würde.

Vorerst mußte ich aber noch in meinen Studien weiter fortgeschritten sein, da ich noch keine höhere Mathematik betrieben hatte, die im Lehrplan des Realgymnasiums vorgeschrieben war. Im Frühjahr 1888 folgte ich einer Einladung der Vorsteherin des Victoria-Pensionates nach Karlsruhe und hatte nun Gelegenheit, mit meinen Lehrern den Lehrplan, dem ich mich anpassen mußte, zu besprechen. Ich hatte durch mein Burgberger Studium ganz ordentliche Fortschritte gemacht und konnte nun in die höhere Mathematik eingeführt werden. Meine Lehrbücher waren Salmon-Fidler für Analytische Geometrie, Navier für Differential- und Integralrechnung, Sohnke & Amstein als dazu gehörende Aufgabensammlung und Gugler für darstellende Geometrie. Auch in Latein nahm ich Repetitionskurse und setzte die Lektüre der Klassiker fort. Mit neuem Feuereifer stürzte ich mich in Burgberg in meine Arbeit, um mit Jahresschluß so weit zu sein, Oberstudienrat Dillmann zu sprechen.

Im August desselben Jahres erfuhren meine Burgberger Studien eine längere Unterbrechung. Ich bekam eine Einladung von meiner Pensionsfreundin Gabriele von Andrian-Werburg, einige Wochen in ihrem Elternhaus in Aussee zu verbringen. Die Einladung war so dringend, daß ich ihr folgen mußte, und meine Eltern erlaubten mir die Reise sehr gern, weil ihnen diese Ablenkung für mich erwünscht war.

Ich verbrachte nun die genußreichsten Wochen in der schönen Steiermark unter dem gastlichen Dach der Villa Andrian. Nicht nur, daß ich mich außerordentlich freute, mit meiner Freundin zusammen zu sein, auch meine geistigen Bestrebungen fanden in diesem ganz besonders hochstehenden und anregenden Milieu die ersehnte Nahrung. Baron Andrian war Präsident der Anthropologischen Gesellschaft in Wien und von Beruf Geologe. Er hatte sehr viel allgemeine naturwissenschaftliche Interessen und war immer bereit, über wissenschaftliche Probleme zu diskutieren. Auch die Baronin war den Naturwissenschaften zugetan und hatte namentlich botanische Interessen. Im Andrianischen Hause verkehrten sowohl Künstler wie Gelehrte, und ich machte dort die Bekanntschaft der ersten Größen der Wiener Universität. Ich nenne nur Billroth, Fuchs, Zuckerkandl und den Direktor des Naturhistorischen Museums in Wien, Hofrat von Hauer. Mit Baron Andrian wurde Hofrat Hauer für meine spätere Tätigkeit insofern bestimmend, als beide der Meinung waren, daß ich mich nicht ausschließlich mathematischen Studien widmen sollte, sondern den biologischen Wissenschaften.

Ich war im schönen Aussee in meinem Element und schrieb nach Hause die begeistertsten Briefe. Auch sonst war das Leben im Andrianschen Hause sehr anregend und unterhaltend. Abends kamen vielfach die mit dem Hause befreundeten Familien, die ihre Sommervillen in Alt-Aussee hatten, so die Familie des späteren Reichskanzlers Fürst Hohenlohe, die Grafen Gallenberg, die Prinzen Schönburg, Generalfeldmarschall Baron Hess und viele andere. Verschiedene von ihnen erinnerten sich noch meines Vaters vom Regiment in Wien her, und so waren auch zwischen ihnen und mir Beziehungen hergestellt. Bei diesen abendlichen Reunionen wurde häufig Musik getrieben, und verschiedentlich setzte die berühmte Sängerin Wild die Anwesenden in Entzücken, mit Ausnahme meiner Wenigkeit. Oder es wurden, namentlich im kleineren Kreis, Hazardspiele gespielt, wofür ich sehr viel mehr schwärmte als für die Musik, die aber das Entsetzen der Fürstin Hohenlohe bildeten. Bevorzugt wurden Poker und Roulette. Die Einsätze waren aber so normiert, daß niemand sein Vermögen verspielen konnte, auch wenn ihm das Glück nicht hold war, auch wachte die Fürstin mit besorgtem mütterlichem Auge darüber, daß ihre unternehmenden Söhne, namentlich der jüngere, Moritz, nicht über die Stränge schlugen und andere Spieler zu leichtsinnigen Taten mitrissen. Ich hatte am Hazardspiel sehr große Freude und zeichnete mich weder durch Glück noch durch Pech aus. So viel ich mich erinnere, gewann ich an einem Abend, was ich am andern verlor. Beim Roulettespiel wurden von denen, die etwas davon zu verstehen glaubten, die verschiedenen auf der Wahrscheinlichkeitsrechnung aufgebauten Systeme durchprobiert, was mich natürlich lebhaft interessierte. Wir belustigten uns aber nicht nur mit Hazardspiel, auch dem Schachspiel war namentlich die Andriansche Familie sehr zugetan. Ich spielte mich schnell ein und blieb später in manchen Schlachten siegreich.

Meine Freundin war die einzige Tochter, sie hatte noch einen jüngeren Bruder Leopold, genannt Poldi, der damals in den Ferien auch anwesend war, er war zu seiner Erziehung in Kalksburg und besuchte dann später das Gymnasium in Wien. Als Mentor während der Ferienmonate stand Leopold ein junger Doktor der Philologie zur Seite, Dr. Walzel, ebenfalls ein Wiener. Walzel war nicht nur Hauslehrer, sondern die rechte Hand der ganzen Familie. In allen Situationen fand er sich zurecht, überall wußte er Rat, und nichts übertraf seine Gefälligkeit und Zuverlässigkeit. Ich war nun in Aussee auch mit einer ganzen Anzahl Büchern angerückt, und als Baron Andrian meinen Fleiß bewundernd sah, frug er Dr. Walzel, ob er mich nicht für die Dauer meines Besuches als Schülerin annehmen würde. Mit größter Liebenswürdigkeit erklärte sich Walzel dazu bereit, und wir arbeiteten nun allein oder mit Poldi täglich einige Stunden zusammen, hauptsächlich Lateinisch. Als wir Sallusts Punischen Krieg zusammen lasen, ahnten wir nicht, daß wir uns nach 40 Jahren an derselben Universität zusammenfinden sollten, in Bonn am Rhein, wo Professor Oskar Walzel lange Jahre wirkte. Dr. Walzel war auch bei unseren Kahnpartien als freundlicher Mentor zugegen, die Poldi und ich jeden Morgen bei gutem Wetter unternahmen. Die Villa Andrian stand auf einer kleinen Anhöhe unmittelbar am See, am Fuß der Loser und gegenüber der Trisselwand. In der Ferne sah man von meinem Fenster aus den Gletscher des Dachsteins, ein prächtiger Anblick!

Diese Berge immer vor Augen zu haben und nicht hinauf zu können, war mir äußerst schmerzlich. Zwar fehlte es mir nicht an

Bewegung, denn fast jeden Vormittag oder Nachmittag machten meine Freundin und ich den schönen Spaziergang nach Markt-Aussee, häufig um Kommissionen zu machen. Ein großer Anziehungspunkt war uns dort ein Delikateßgeschäft, die Weinstube Hozgethan, in der wir uns, ehe wir den Heimweg antraten, zu stärken pflegten, manchmal so gründlich, daß uns hernach der Appetit zum Essen vergangen war.

Aber auch meine Sehnsucht, auf den Berg zu kommen, sollte noch befriedigt werden. Der Andriansche Hausarzt, Dr. Veth, hatte eine Tour in die Loserhöhle mit einem anderen Kollegen, Dr. Favarger, verabredet und Baron Andrian gefragt, ob ich nicht Lust hätte mitzukommen. Ich war sofort Feuer und Flamme für die Partie und rüstete mich so bergmäßig, als es zu der damaligen gräulichen langen Rockmode möglich war. Dr. Walzel wurde als mein Beschützer delegiert mit der Weisung, mich vor Unvorsichtigkeiten nach Kräften abzuhalten. Außer ihm gingen noch zwei Führer mit, die auch den Proviant trugen. Die Tour war nicht schwierig und nicht anstrengend, aber sehr genußreich und interessant. Natürlich stürmte ich zuerst mit großen Sätzen den Berg hinauf, wie ich es von Burgberg gewöhnt war, es machte sich nur bald der Unterschied bemerkbar, daß man mit diesem Schritt wohl den Burgberg in zehn Minuten ersteigen konnte, daß es aber nicht möglich war, dieses Tempo stundenlang einzuhalten. Ich mäßigte daher meinen Lauf sehr bald zur Freude meiner Gefolgschaft. Ehe wir in die Höhle gingen, wurde Halt gemacht und ein Vesper zu sich genommen. Dieser Moment ist in einer Photographie festgehalten, die ich von einem der Herrn bekommen habe. Alsdann wurde die Höhle besichtigt und der Abstieg angetreten. Die schöne Aussicht, die wir beim Aufsteigen hatten, war jetzt durch ein großes Nebelmeer verdeckt. Derselbe Ausflug wurde später nochmals in größerer Gesellschaft ausgeführt, an dem sich dann auch meine Freundin beteiligt hat.

Ein großer Anziehungspunkt für mich war die Bibliothek Baron Andrians, die er mir gern zur Verfügung stellte. Einmal wollte ich das Werk von Bastian »Der Mensch in der Geschichte« zum Lesen haben. Baron Andrian sagte aber, ich würde keinen Genuß davon haben, weil das Werk so schwierig geschrieben sei, daß ich nicht mehr wissen würde, was darin steht, wenn ich es gelesen hätte. Nun reizte mich das Buch erst recht, und Baron Andrian schlug mir eine Wette vor: wenn ich im Stande sei, nach einem Tag ihm den Inhalt eines Kapitels zu referieren, so werde er mir das Buch und sechs Flaschen Slivovitz schenken. Ich setzte mich also hinter meinen Bastian und zur verabredeten Stunde entledigte ich mich meiner Aufgabe in so tadelloser Weise, daß mein Gönner mir nicht nur das Buch und den Slivovitz, sondern auch noch eine Unmenge russischer Zigaretten schenkte.

Aus den Wochen, die ich anfangs bleiben sollte, waren bereits Monate geworden. Meine Freundin wollte mich gern bei sich haben, und ich fühlte mich so wohl in ihrer Umgebung und lernte so viel in jeder Hinsicht, daß es auch mir nicht pressierte, nach Burgberg zurückzukehren. Allein, einmal mußte doch geschieden sein, und so wurde Anfang November zur Reise gerüstet. Es war schon kalt und ich wurde in rührender Weise von meinen Freunden mit warmen Sachen versorgt und von meiner Freundin und ihrem Vater bis Salzburg begleitet. Dort setzten sie mich in den Zug, schmuggelten mir noch einige Schachteln Zigaretten in den Wagen, und ich rollte wieder der Heimat zu, diesmal ohne eine Wiederholung des Freiburger Abenteuers.

Den Winter verbrachte ich ohne größere Unterbrechung in Burgberg, meinen Studien obliegend. Mein Gesichts- und Interessenkreis hatte sich durch den Aufenthalt in Alt-Aussee wieder erweitert. Ich war Mitglied der Anthropologischen Gesellschaft in Wien geworden und las mit großem Interesse die Berichte, die mich in mir bisher unbekannte Dinge einführten. Mit Hofrat Hauer hatte ich einen Tauschverkehr angebahnt, und ich sammelte nun mit Eifer die Vorkommnisse im Steinheimer Becken und in den Molassegruben in der nächsten Umgebung, um dafür die Leitfossilien des Wiener Beckens und aus anderen Gegenden Österreichs zu empfangen.

In dieser Zeit entdeckte ich bei meinen Kahnpartien in der Hürbe, einem kleinen Nebenflüßchen der Brenz, höchst seltsame Gebilde. Es waren dies Steinkugeln der verschiedensten Größe, die größten übertrafen die Kugeln aus mittelalterlichen Belagerungsgeschützen, wie man sie in alten Burgen aufbewahrt findet, um ein Beträchtliches.

Die Oberfläche war rauh und der Kalkstein weich, wie bei Kalktuffen. Ich beobachtete nun, daß die Oberfläche dieser seltsamen Kugeln, mit denen der Boden des Flüßchens an einzelnen Stellen wie gepflastert war, von einer Unmenge von Köchern der Köcherfliege (Phryganieden) besetzt war. Diese Köcher waren von verschiedenem Material gebaut, sie bestanden meist aus Kieselsteinchen, die eng aufeinandergefügt waren wie in einem Mosaik, und hatten Röhrenform. Die jüngeren Gehäuse enthielten noch die Insektenlarve, während sie in den älteren schon verpuppt war und ihre Gehäuse an beiden Enden mit einem porösen Deckel, durch den das sauerstoff-führende Wasser eintreten konnte, verschlossen hatte. Die ältesten Köcher waren leer, aus ihnen war der Werkmeister schon ausgeflogen, und diese waren dann mit einer Kalkkruste von außen überzogen.

Wenn man eine solche Kugel durchsägte, so sah man um einen festen Kern herum Schichten aus Kalkstoff gelagert, die wie die Jahresringe eines Baumes angeordnet waren, die dem Zentrum näher gelegenen waren schmäler als die äußeren. In den rezenteren Schichten waren die Köcher der Insekten vielfach noch deutlich zu erkennen, in den älteren Schichten waren sie völlig verkittet und zusammengedrückt, so daß nur die kleinen Kieselsteinchen oder Pflanzenstengelreste die Anwesenheit der kleinen Bauarbeiter verriet.

Von dem mich natürlich sehr erregenden Fund machte ich meinen geologischen Freunden Mitteilung: Hofrat Professor Dr. Knop in Karlsruhe, Herrn Professor Dr. Oskar Fraas in Stuttgart, er war damals Direktor des Königlichen Naturalienkabinettes, Herrn Professor Quenstedt in Tübingen, mit dem ich wegen paläontologischen Fragen in Briefwechsel gestanden hatte, und selbstverständlich Herrn Hofrat Hauer in Wien. Namentlich Herr Professor Knop interessierte sich außerordentlich für den Fund, da ihm ähnliche Tuffbildungen von dem Oberrhein (Stein/Rh.) her bekannt waren. Es wurde festgestellt, daß die Bildungen in der Hürbe durch die Zusammenarbeit der Köcherfliege und einer Kalk abscheidenden Alge zustande kamen. Die Alge zieht den Kohlenstoff, den sie wie jede Pflanze zur Bildung der Stärke nötig hat, aus dem doppelkohlensauren Kalk des Wassers und bringt auf diese Weise den einfach kohlensauren Kalk zur Abscheidung, und in diesem Fall schlägt sich dieser auf Köchern nieder, die den Sitz der Alge abgeben. Die Inkrustate und letzten Endes die Kalkkugeln – ihre Form erhalten sie durch die Tätigkeit des fließenden Wassers – entstehen somit durch die Zusammenarbeit der Köcherfliegenlarven, die die Bausteine liefern, und durch die Alge, die den Mörtel zum Verbinden der Bausteine produziert. Man kannte nun, wie gesagt, derartige auf pflanzlichen Substraten entstandene Bildungen, aber Indusienkalke, wie sie hier entstanden waren, erregten das allgemeinste Interesse der Geologen, und die verschiedensten Sammlungen wurden mit diesen seltenen Vorkommnissen bereichert. Leider war ich damals noch nicht geschäftstüchtig genug, um durch einen schwungvollen Handel die Basis für meine spätere wissenschaftliche Laufbahn zu schaffen. Ich verwendete sie rein zur Vergrößerung meiner Sammlung im Austausch. Die Kugeln wanderten nicht nur nach Wien, sie fanden sogar ihren Weg nach Petersburg, denn eine meiner Pensionsfreundinnen hatte es verstanden, steinerne Beziehungen zwischen dem Direktor der Kaiserlich-Russischen Sammlungen in Petersburg und mir zu knüpfen. Es war dies die Tochter eines Minenbesitzers in Rußland, Lulu Lessing. Durch Petersburg bekam ich die schönsten Mineralien aus dem Ural, die ein Glanzstück meiner Sammlung bildeten.

Hofrat Professor Knop in Karlsruhe regte nun an, daß ich meine Untersuchungen an den Indusienkalken der Hürbe zusammenstellen und veröffentlichen sollte. Er hatte mir vorgeschlagen, ich möchte meine Untersuchung gelegentlich der Versammlung des Oberrheinischen Geologenvereins in Sigmaringen vortragen, aber mein Vater konnte sich zu einem so verwegenen Auftreten seiner kaum 20jährigen Tochter nicht verstehen. So wurde denn durch Hofrat Knop mein Manuskript verlesen, das dann in dem Bericht über die XXIII. Versammlung des Oberrheinischen Geologenvereins zum Abdruck kam.

Dieser ersten kleinen Arbeit folgten dann noch weitere Veröffentlichungen über biologische Themen im Biologischen Zentralblatt und der Landwirtschaftlichen Presse. Mit den Honoraren aus diesen Veröffentlichungen, den Erträgnissen aus meinen Schreibarbeiten für meinen Vater und einem schwungvollen Handel mit

Kamillen, den ich mit der Apotheke in Giengen trieb, füllte sich ganz allmählich, aber stetig, meine Studienkasse.

Durch die »Indusienkalke« waren meine biologischen Forschungen in Gang gekommen, und im Frühjahr 1889 dehnte ich sie auch auf die Insekten des Gartens aus. Ich hatte auf einem Strauch im Garten merkwürdige Insekten gesehen, die mit einem weißen Pelz aus ziemlich langen wachsartigen Fäden bedeckt waren. Ich suchte nun in meinen Büchern diese Tierchen zu identifizieren und fand, daß es »Wolläuse«, Verwandte der Blutläuse seien. Ich fand, daß diese Wolläuse sich generationenweise abwechselnd durch Eier bzw. lebendige Junge gebärend fortpflanzten, und es war geradezu aufregend, jeden Morgen zu sehen, welch neue Veränderungen sich über Nacht in dem Leben meiner Schützlinge vollzogen hatten. Ein großes Heft füllte sich mit Zeichnungen, die die Objekte meiner Studien in allen Größen und Lebensaltern darstellten, es wurde die Eiablage, der Gebärakt, die Häutung, die Nahrungsaufnahme, kurz: alles festgehalten, was überhaupt festzustellen war. Immer klarer wurden mir die Zusammenhänge, und schließlich kannte ich die Naturgeschichte eines kleinen Insekts, wenigstens einen großen Abschnitt dieser Naturgeschichte, die in keinem meiner Bücher verzeichnet war. Diese Beobachtungen und das Eindringen in die Geheimnisse dieser Insekten machten mir so viel Freude, daß ich nicht umhin konnte, auch meinen guten Großonkel in alles einzuweihen. Aus dem nachstehenden Brief ist zu ersehen, wie mein Enthusiasmus den alten Herrn amüsierte. Er schreibt:

»Neunthausen, den 14. April 89.

Liebe Nichte Maria! Das Unfehlbarkeitsedikt, oder vielmehr seine Verkündigung, wird nicht unbedingt auf so sicheren Erfolg rechnen dürfen, als ich geneigt bin, denselben Deinem beharrlichen Willen und Streben zuzuschreiben. Neueste Probe: Untersuchung der Geschichte der Wolläuse. Nein, wie ich gelacht habe! Und sogar in das Geheimste der Geschehnisse, ungreifbar, richtiger: unbegreifbar bei Wesen, die sozusagen Fleisch und Blut haben, aber bei solchen Geschöpfen, die man nur mit bewaffnetem Auge erkennt! Und so liebenswürdige Wesen, schon dem Namen nach! Du entfesselst sogleich den orthographischen Streit: schreibt man das reizende Wort mit zwei oder mit drei l? Du lässest den dritten aufmarschieren, natürlich, Du machst Staat mit ihm; schade, daß es nicht 4-spännig geht! Ich gönne ihm nur zwei l, man müßte dann das Wort teilen und den zweiten Teil mit einem recht frischen Anlauf zu Gehör bringen. Diese Tierchen (Ach wie niedlich!) scheinen eine äußerst praktische Leibeseinrichtung zu besitzen, bald gebären sie lebendige Junge, und ohne den Fluch des Südenfalls – bald legen sie Eier!! Es scheint auf den Bedarf des Publikums anzukommen? Nun, das wird alles klargestellt werden durch den leuchtenden ›Stern‹!

Daß bei Deinen Objekten die Weibchen beflügelt sind, ist verkehrt: das ist stets das Vorrecht des männlichen Geschlechtes, wie mir aus meinen Studien der obstfeindlichen Insekten erinnerlich ist; die Weibchen kriechen an der Erde, die Männchen erheben sich in den freien Äther! Pythagoras sagt zwar in seinen golden Versen:

›Die Natur, ähnlich in Allem, ist überall dieselbe‹,

allein, in diesem Punkt angewandt auf den Menschen, trifft es doch nicht zu. Wer erholt sich in dem freien Äther, der ›Stern‹ oder der ›Frühschöppler‹!

Weitere Mitteilungen würden mich sehr interessieren; über die persönlichen Standesverhältnisse konnte ich Deine literarischen Freunde noch nicht aufklären.

Dein treuer Onkel Bebi.«

Meiner wissenschaftlichen Betätigung, wie sie sich in den beschriebenen Forschungen an Burgberger Objekten auswirkte, wurde von meinem Vater nichts in den Weg gelegt, im Gegenteil, er unterstützte dieselbe, weil sie mich ja an die Heimat fesselte. Auch die sich immer mehr ausgestaltenden Beziehungen zu den Vertretern der Wissenschaft, die ich namentlich auch, wenn wir zu Weihnachten in Stuttgart bei meinen Verwandten waren, eifrig pflegte, fanden nur seine Billigung. Ich verbrachte dann einen großen Teil meiner Zeit im Naturalienkabinett oder auf der Landesbibliothek, und überall nahmen sich die Professoren in liebenswürdigster Weise meiner an. Von dem Custos der Zoologischen Abteilung des Naturalienkabinetts, Herrn Professor Dr. Lampert, wurde ich in die

Kunst, mikroskopische Dauerpräparate anzufertigen, eingeführt, und überall sprach der Nelkenölduft, den ich ausströmte, von meiner Betätigung. Er leitete mich auch an, wie man sich die Veröffentlichungen seiner Vorarbeiter nutzbar macht, wie man die Literaturstudien zu treiben hat. In der Familie Lampert verbrachte ich nicht weniger anregende Stunden wie in seinem Büro oder Laboratorium, und so war durch das Naturalienkabinett und seine mir so wohlgesinnten Beamten Stuttgart ein sehr angenehmer Aufenthaltsort für mich geworden, umsomehr, als ich dann immer meine geliebte Tante Anna Hiller, die Witwe des Bruders meiner Mutter, besuchen konnte.

Selbstverständlich fanden meine Bestrebungen auch im Kreise meiner näheren und weiteren Familie und Bekannten vielfach Kopfschütteln und allerhand Einwände, die bei den damaligen Anschauungen über Frauenarbeit nur verständlich waren. Schon in den Versen, die von Mitschülerinnen, Lehrern und Lehrerinnen in mein Stammbuch eingetragen worden waren, hatten sich die verschiedensten Meinungen Bahn gebrochen. Die Frau war eben für die Mehrzahl der Menschen noch ausschließlich die himmlische Rosenflechterin.

In meiner immerhin prekären Lage, die allerdings durch meinen Großonkel als Bundesgenossen wesentlich verbessert war, ist es wohl begreiflich, daß mich diese, wie ich annahm, versteckten, wenn auch wohlgemeinten Behinderungsversuche gelegentlich auch etwas nervös machten, soweit dies bei meinen guten Nerven eben möglich war. Jedenfalls erzeugten sie Abwehr, und zwar recht energische, wie aus einem Brief, den ich meinem Bruder schrieb, als er mir, um mich zu necken, die Abschrift eines Dialoges »Über die Bestimmung der Frau« zuschickte. Ich antwortete folgendes:

»Ich habe mir den Kopf darüber zerbrochen, aus welchem Grunde Du wohl die Abschrift des Dialoges über die Bestimmung der Frau auf Dich genommen hast, denn Du konntest Dir eigentlich doch an den Fingern abzählen, daß die Zeit, die Du zur Anfertigung der Abschrift verwendet hast, in keinem Verhältnis zu dem Erfolg derselben stehen werde. Nun, des Menschen Wille ist sein Himmelreich. Ich bin Optimist und danke Dir für Deine Mühe, auch ein Körnchen in den mit Belehrungsversuchen von allen Seiten her gefüllten Korb geworfen zu haben. Diese verschiedenen Zeichen des Interesses und der Teilnahme amüsieren mich sehr, die einen durch ihre Unschuld, die anderen durch mißlungenen Spott, wieder andere durch ihre vergeblichen Anstrengungen, mich durch einen logischen Schluß von der Bestimmung des Weibes zu überzeugen. Selbstverständlich nimmt Dein Schriftstück in diesem Chaos von Widersprüchen und in die Augen springendem Unsinn durch seine logischen Schlußfolgerungen den ersten Rang ein, ohne Zweifel ist es das Beste, aber leider nicht das originellste. Meiner Ansicht nach ist aber die Art, in welcher darin die Bestimmung des Weibes behandelt wird, keine erschöpfende. Ich finde, die Bestimmung des Weibes muß von zwei verschiedenen Standpunkten aus behandelt werden, wie überhaupt die Bestimmung des Menschen. Zuerst die Bestimmung der breiten Masse, dann – die Bestimmung einzelner Individuen. Die Bestimmung der breiten Masse ist es ganz gewiß, die Menschheit fortzupflanzen. Aus dieser Masse erheben sich aber einzelne Individuen, sowohl männliche als weibliche, die dazu berufen sind und deren erste und gewiß auch höhere Pflicht es ist, das Vordringen auf geistigem Gebiet zu ihrer Lebensaufgabe zu machen. Daß von dieser Aufgabe das Weib nicht ausgeschlossen ist und sich ebensowohl wie der Mann, wenn es sich dazu berufen fühlt, derselben gewachsen zeigt, beweist die Geschichte. Welcher Vernünftige könnte, um nur ein Beispiel aus unserem Jahrzehnt zu wählen, leugnen, daß eine Frau wie Sonja Kowalewski (sie bekleidet einen Lehrstuhl der Mathematik in Stockholm) einem Gelehrten um nichts nachsteht. Selbst die Tübinger Professoren erkennen dies an. Überhaupt ist die Meinung der meisten Gelehrten der Neuzeit von der Leistungsfähigkeit der Frau auf wissenschaftlichem Gebiet eine durchaus günstige. Bisher war die Frau gewohnt, lächerlich zu werden, sobald sie sich auf dem Gebiet der Wissenschaft mit dem Mann in die Schranken stellte. Diese Vorurteile haben namentlich dazu beigetragen, daß nur wenige sich in die Öffentlichkeit gewagt haben. Je mehr aber diese Vorurteile und vorgefaßten Meinungen, deren Grundgedanke ist: Bei den Frauen gäbe es keine Individualitäten, denen ein anderer Beruf als der der breiten Masse entsprechen müßte, fallen werden, desto größer wird auch unter den Frauen die Zahl werden, deren

Namen im goldenen Buch der Förderer der Wissenschaften eingetragen sein wird. Doch nun genug davon, die Beobachtung lehrt, daß die Frau mit dem Manne in die Arena treten kann, und was durch Beobachtung und Erfahrung bewiesen wird, kann, denke ich, in diesem Fall genügen.«

»Dem habe ich's gesagt!« werde ich wohl gedacht haben, als ich diese Antwort hochbefriedigt couvertiert und abgeschickt habe. Meinem Herzen hatte ich Luft gemacht, mein Bruder sollte wissen, daß ich mich für den gewählten Lebensweg, der fern von »sündiger Erdenlust« verlaufen sollte, prädestiniert fühlte.

Die in diesem Brief berührten Fragen spielten auch eine große Rolle im Kreise meiner in Ulm wohnenden Großtante Emilie, Freifrau Hiller von Gärtringen, einer geborenen Schad von Mittelbiberach. Die äußerst kluge und lebendige Frau amüsierte sich sehr, mich zu hänseln, aber in einer Weise, die ich mir gern gefallen ließ, denn aus allen ihren Worten klang Interesse und Achtung für mein Streben, sie war immer bereit, mich zu fördern, mich mit interessanten Menschen zusammen zu bringen, mir den Zutritt zu interessanten Vorträgen zu ermöglichen. Im Stillen hoffte sie natürlich, daß ich über kurz oder lang in den Hafen der Ehe einlaufen würde, bekehrte sich aber später, als ich mein Ziel erreicht hatte, und sagte oft anerkennend: »Du warst doch gescheit, daß Du auf keinen Mann gewartet hast.« Ich war der freundlichen Tante aufrichtig zugetan und freute mich immer, wenn der Zahnarzt mich nach Ulm rief und ein mehrtägiger Aufenthalt dort notwendig war und ich mit Tante Emilie höchst vergnügte Tage zubringen durfte, denn sie verstand es vortrefflich, mit jungen Menschen umzugehen.

Im März 1889 wagte mein Großonkel an Herrn Oberstudienrat Dillmann, den Rektor des Realgymnasiums in Stuttgart, heranzutreten, um seine Einstellung wegen meiner eventuellen Zulassung zur Reifeprüfung zu sondieren. Nachdem Herr Oberstudienrat Dillmann anfangs abgeraten hatte, mir sein Realgymnasium als Prüfungsstelle auszusuchen, stellte er sich in seinem zweiten Brief an meinen Großonkel wohlwollend ein. Er schrieb: »Doch nun zur Sache! Eine Gräfin, eine Fräulein Maria von Linden, will die Abiturientenprüfung machen. Wahrhaftig ein selten dagewesener Entschluß! Nun aber vollends am Realgymnasium. Das ist noch nie dagewesen und wird voraussichtlich auch nicht so bald wiederkehren. Umso begieriger wäre ich, einen solchen seltenen Fang im Käfig des Realgymnasiums zu machen. Das Realgymnasium macht Ansprüche in der höheren Mathematik, welchen von einer Frau noch niemals genügt worden ist. (...) Wenn Ihre Fräulein Nichte entschlossen ist, gerade in mathematisch-naturwissenschaftlicher Richtung sich eine höhere Ausbildung zu erwerben, so ist freilich mein Rat, ein humanistisches Gymnasium aufzusuchen, nicht zu befolgen. Aber daran hatte ich nicht gedacht, denn einen solchen Glauben habe ich in Israel noch nicht gefunden. Umso erfreuter bin ich nun, Excellenz, und wünsche Ihnen Glück, eine solche seltene Erscheinung in Ihrer hohen Familie zu haben. Noch größer aber war meine Freude, als ich las, daß Ihre Fräulein Nichte auch in der analytischen Geometrie und in der höheren Analysis schon Studien gemacht hat, und zwar gerade im Sinn und Richtung, wie sie an dem Realgymnasium gelehrt werden (...)«

Das war also ein glatter Erfolg, und es bedurfte nun bloß noch meiner persönlichen Vorstellung bei dem Schulmonarchen. Diese erfolgte im Winter desselben Jahres. Ich begab mich in die hübsche Villa Dillmann, nahe der Hölderlinstraße, die damals noch mitten in grünen Weingärten stand und selbst in einem schönen Park gelegen war. Dillmann war in seinem Garten und kam mir, begleitet von seinem schönen Neufundländer, entgegen. Ich stellte mich vor, und der Rektor frug mich, was mein Begehren sei. Ich antwortete, im Realgymnasium das Abitur zu machen. Er war an diesem Nachmittag offenbar nicht sehr gut gelaunt, denn er erwiderte: »Bei uns ist bis jetzt noch jeder Externe durchgefallen.« Ich ließ mich nicht abschrecken und replizierte, dann kann ichs erst recht versuchen, denn wenn ich auch durchfallen sollte, so ist es unter diesen Umständen keine Schande. Nun klärte sich sein Gesicht auf, er bat mich, in sein Studierzimmer zu kommen, sein Hund hatte sich bereits vertraulich an mich geschmiegt, was ich als gutes Omen deutete, und nun nahm er ein kleines Examen vor, in dem ich den Stand meiner Kenntnisse offenbaren sollte. Zuerst fielen mir nicht einmal die Namen meiner Bücher ein, als ich aber warm geworden war, ging alles zur Zufriedenheit, und Dillmann meinte, wenn ich noch ein Jahr tüchtig weiter arbeiten würde, könnte es wohl langen. Nun war ich wieder einen Schritt weiter gekommen.

Im Frühjahr 1890 reiste ich zur Hochzeit meiner Freundin Andrian nach Karlsruhe, wo ich schnell Fühlung mit meinen Professoren nehmen konnte und die Zeit benutzte, um mit meinen Vorbereitungen zum Abitur vollends fertig zu werden und mich zum Examen melden zu können. Meine bewährten Professoren gaben sich wieder alle Mühe, um meine Kenntnisse denen der Primaner am Stuttgarter Realgymnasium anzugleichen, und erfüllt von Lehrsätzen, Formeln, Metra, Literatur- und Sprachkenntnissen begab ich mich 14 Tage vor Weihnachten nach Stuttgart, um mich bei dem Herrn Oberstudienrat Dillmann offiziell zu der im Sommer stattfindenden Maturitätsprüfung anzumelden.

Herr Oberstudienrat Dillmann war von meinen Fortschritten angenehm berührt und gab mir den Rat, nun auch den übrigen Examinatoren und Professoren der Oberprima meinen Besuch abzustatten. Namentlich sei es ihm wichtig, daß ich zu dem Ordinarius der Oberprima, Herrn Professor Georgii, in allererster Linie ginge, der von meiner eventuellen Teilnahme an der Prüfung noch nicht unterrichtet sei, ich müsse schon diplomatisch mit ihm sein, denn er sei ein Weiberfeind und werde der Sache möglicherweise nicht allzu freundlich gegenüber stehen. Ich solle aber nicht sagen, daß ich zuerst bei ihm gewesen sei.

Ohne allzu große Besorgnis begab ich mich denn zu dem angeblichen Weiberfeind. Ich erinnerte mich, daß Oberschulrat Wagner in Karlsruhe, einer meiner dortigen Gönner im hohen Schulkollegium, mir einmal von Professor Georgii gesprochen hatte. Er erzählte mir damals, er sei, als Georgii Seminarist in Maulbronn gewesen sei, als Repetent viel mit ihm in Berührung gewesen und schätze ihn ganz besonders wegen seiner menschlichen Eigenschaften. Ich dachte mir, daß es wohl angängig sei, aus dieser Mitteilung Kapital zu schlagen. Ich ließ mich also bei Herrn Professor Georgii melden und überbrachte ihm Grüße von dem ehemaligen Repetenten. Die Freude Georgiis war geradezu rührend, und ich hätte mich nicht besser einführen können. Als ich dann mit meinen eigenen Anliegen heraustrat, war die Stimmung bereitet, und ich wurde sofort einem kleinen Vorexamen unterworfen, das nach Wunsch ausfiel. Professor Georgii hatte noch außerdem die große Güte, mir vorzuschlagen, ich solle in Burgberg alle lateinischen Kompositionen und Expositionen mitarbeiten, er würde mir die Arbeiten korrigieren. Ebenso wolle er es mit dem Aufsatz halten. Beim Weggehen legte er mir ans Herz, vorerst mit Herrn Oberstudienrat Dillmann zu sprechen, diesem aber nicht zu sagen, daß ich schon bei ihm gewesen sei und daß er seine Einwilligung zu meinen Wünschen gegeben habe.

Als ich dann am folgenden Tag mich in der Pause im Rektoratszimmer des Realgymnasiums einfand, wollte Dillmann seinen Ohren nicht trauen, wie ich ihm auf die Frage: »Was hat der Georgii gesagt?« erwiderte: »Es ist ihm nichts lieber, als daß ich komme.« – Dillmann wollte nun gern wissen, wie ich es vermocht hätte, den angeblichen Weiberfeind zu rühren, ich fand es aber besser, das Geheimnis vorerst bei mir zu behalten. Die folgenden Tage machte ich meine Besuche bei den übrigen Examinatoren, die alle bereitwilligst zustimmten und meine Kenntnisse als ausreichend bezeichneten.

Nach glücklich erledigtem Rundgang bei den Herren Professoren kehrte ich nach Burgberg zurück, sehr guter Stimmung, denn nun schien aus der Sache etwas Rechtes zu werden. Die Hindernisse waren beseitigt, und vor dem Examen selbst hatte ich keine Angst, darüber hinweg half mir mein Optimismus. Hätte ich kühl abwägend in die Tiefen meiner Unwissenheit geschaut, so wäre es mir vielleicht gegangen wie dem Reiter über dem Bodensee, als er merkte, in welcher Gefahr er geschwebt hatte. Immerhin fand ich es gut, meinem Vater nahe zu legen, daß es für die Ehre der Familie notwendig sei, mir noch Privatstunden in Latein geben zu lassen, um nicht außer Übung zu kommen. Herr Oberpräceptor Hähnle in Giengen fand sich hierzu bereit, und so pilgerte ich nun wöchentlich zweimal über den Berg, um an die Quelle des Wissens zu gelangen. Bei sehr schlechtem Wetter waren diese Fußreisen eine ordentliche Strapaze, aber was tut man nicht alles, wenn man das Ziel in erreichbarer Entfernung winken sieht.

Herr Professor Georgii hielt Wort, und so flogen die Aufgaben und korrigierten Texte und Aufsätze zwischen Stuttgart und Burgberg nur so hin und her, jedesmal begleitet von freundlichen

Schreiben und Erörterungen, was gut und was besser zu machen war. Als aber der Tenor des letzten Briefes im Juni lautete: »Sie können es beruhigt riskieren, Sie werden ganz gut abschneiden«, da war meine Stimmung auf dem Höhepunkt, da war ich belohnt für meine Schufterei, für Ringen gegen Verstand und Unverstand, für ausgehaltene Kräfte, Regen und Schnee und für durchwateten, unbeschreiblichen Dreck.

Herr Professor Georgii hatte mir geschrieben, er würde es gut finden, wenn ich mich 14 Tage vor dem Beginn der Prüfung in Stuttgart einfinden würde, um womöglich noch einigen Stunden in der Oberprima beizuwohnen, um mich an die Professoren und ihre Lehrmethoden zu gewöhnen. Ich könnte so auch die Repetitionen mitmachen. Gesagt, getan. Ich setzte mich auf die Bahn und fuhr nach Stuttgart, wo meine Tante Anna mich gastlich in ihrem Haus aufnahm. Oberstudienrat Dillmannn, den ich um die Erlaubnis bat, dem Unterricht beizuwohnen, fand es sehr richtig und eröffnete mir ferner, der Herr Minister habe zwar verfügt, ich solle allein geprüft werden, er halte es aber für meine Zukunft für das einzig Richtige, die allgemeine Prüfung abzulegen, denn sonst würde es doch heißen, der Gräfin Linden sei eine Extrawurst gebraten worden.

Und, wie Herr Dillmann verfügte, so geschah es. Ich setzte mich zu seinen Buben, nahm die Stunden noch 14 Tage mit und hatte hernach den Eindruck, daß, wenn kein übergroßes Pech mich verfolgen würde, ich bestehen mußte. In dieser Zeit brachte mich Herr Professor Fauser sogar noch dazu, daß ich einen Kopf nach Gips zeichnen konnte, nicht nur in Umrissen, sondern auch mit Schattenlegung. Ich hatte es zuerst für ein ziemlich aussichtsloses Beginnen gehalten, allein, was kann man nicht alles, wenn man ernstlich will und einen guten Lehrmeister hat, der es nicht scheut, seine Sonn- und Feiertage zu opfern. Auch in der Physik, wo zuerst noch bedenkliche Lücken klafften, war ich bald auf der Höhe, dank der Bemühungen von Herrn Professor August Schmidt, und in der Mathematik fehlte mir nichts als, wie Dillmann sich ausdrückte, noch etwas Drillung.

Am 28. Juni 1891 war nun der große Tag des Beginns der Reifeprüfung. Oberstudienrat Dillmann hatte mich um halb sieben auf das Rektorat beordert. Ich erschien pünktlich, und Dillmann kam mir mit sehr schönen Rosen aus seinem Garten entgegen, die er mir mit den lakonischen Worten überreichte: »Zum dran Riechen, wenn es zu arg stinkt.« Das war eine reizende Aufmerksamkeit von ihm, die mir gerade in dieser Form am meisten Freude machte. Dann entließ er mich mit den Worten: »Machen Sie Ihre Sache gut!«

Ich begab mich mit meinen schönen Rosen in die Klasse, wo die Prüfung um sieben Uhr begann. Es war ein heißer Sommertag, und in der Klasse zeigte das Thermometer zu dieser frühen Morgenstunde schon 28 Grad, genügend Grund, um zu schwitzen. Zuerst wurden die Examensbestimmungen verlesen, daraufhin die Kuverte mit den Aufgaben geöffnet und die Aufgaben diktiert. Die ersten Stunden galten der höheren Analysis. Ich wunderte mich, daß ich mit einer der Aufgaben, die ich zuerst für als sehr schwierig hielt, glatt zustande kam und in kürzester Zeit fertig wurde. Später stellte sich aber heraus, daß ich die Aufgabe falsch aufgeschrieben hatte, zufällig war aber kein Unsinn, sondern eine sinnvolle, aber leichtere Aufgabe herausgekommen. Später bekam man dann die Aufgaben, um sie abzuschreiben, so daß kein ähnliches Versehen mehr vorkommen konnte. Die Fächer, in denen wir geprüft wurden und die das Examen über eine ganze Woche ausdehnten, waren: Höhere Analysis, analytische Geometrie, Physik, Geologie und Mineralogie, Geschichte (Aufsatz und Zahlen) und Zeichnen. Am ersten Nachmittag war, wenn ich mich recht erinnere, die Zeichenprüfung, die sechs Stunden dauerte. Als ich eine Zeitlang an meinem Kopf gesessen hatte, brachte mir der Pedell im Auftrag des Herrn Rektors einen großen Korb voll der schönsten Kirschen, an denen wir uns alle laben konnten. Auch diese Aufmerksamkeit war ganz Dillmann, der gute Kern in der rauhen Schale. In der Regel dauerte am Morgen die Prüfung von 7–12 Uhr, des Nachmittags von 2–4 Uhr oder 3–6 Uhr. Wer fertig war, packte seine Sachen zusammen, legte sie unter den Tisch, in das dazu bestimmte Fach, gab seine Arbeit dem Aufsicht führenden Lehrer und verschwand. Wenn mir die Aufgaben einigermaßen lagen, so wurde ich mit den Ersten fertig, war es am Vormittag und hatte ich eine entsprechend lange Pause, so begab ich mich in die Alleenstraße zu meinem

Großonkel Hugo, wo meiner ein kleines Frühstück wartete und Großtante und Großonkel begierig auf Neuigkeiten über das Examen warteten. Neu gestärkt begab ich mich dann wieder zur Arbeit. Wenn ich nun meinen Platz verlassen hatte, so wurde mir erzählt, sollen meine Leidensgenossen wie die Raubvögel auf meine Konzepte losgestürzt sein und große Enttäuschung verraten haben, wenn ich weniger Fehler hatte, als sie sich selbst zutrauten. Ob dies Wahrheit oder Dichtung ist, weiß ich nicht zu sagen.

Wenn ich am späteren Nachmittag nach Hause kam, so wartete Tante Anna mit ihren beiden Kindern schon auf mich, um einen erholenden Gang oder eine schöne Fahrt auf die Höhen zu machen und dort Kühlung zu genießen, neben wohltuender Zerstreuung und einem tüchtigen Imbiß, der die Lebensgeister wieder erweckte. Meine Tante war sehr besorgt, daß mein körperliches Wohlbefinden beachtet wurde, denn ich hatte nicht sehr viel Reservestoffe. Mein Vetter und meine Cousine nannten mich das Haut- und Knochenbäsle, was ja nicht auf eine üppige Rundung meines äußeren Menschen schließen ließ. Ich hatte tatsächlich allen überflüssigen Speck verstudiert und verzappelt, und das Bestreben meiner guten Tante, mich wieder in Façon zu bringen, war nicht so einfach. Mein Magen wollte auch nicht recht mitmachen. Ich konnte das rauhe Burgberger Klima nicht vertragen, litt häufig an Katarrhen und Fieber, und die Mittel, die ich dagegen gebrauchte, trugen auch nicht dazu bei, meinen Magen in Ordnung zu bringen. Namentlich fühlte ich mich, wie es bei derartigen Erschöpfungszuständen üblich ist, in der Frühe oft recht wenig gut, so daß ich gerade während des Examens, wo die nervöse Anspannung noch dazu kam, kaum etwas zum Frühstück nehmen konnte. Ich wundere mich heute noch, daß ich die recht anstrengenden Examenstage ausgehalten habe; allein, was die Nerven auf der einen Seite verschuldeten, machten sie auf der anderen Seite wieder gut.

Es war natürlich stengstens verboten abzuschreiben oder abschreiben zu lassen. Wir saßen auch so weit auseinander, daß an ein seitliches »Abspicken« gar nicht zu denken war, nur der Hintermann konnte allenfalls mit guten Augen beim Vordermann eine Anleihe wagen, namentlich, wenn dieser sein Manuskript etwas höher unterlegt hatte. Im Französischen konnte ich meinen Mitschülern dadurch helfen, daß ich, wenn der eine oder andere eines Ausdrucks nicht sicher war, mich meldete und dem Professor sagte, ich hätte den Ausdruck so oder so wiedergegeben, ob das richtig sei. Professor Wiedmayer machte mir dann ein Zeichen zu schweigen, nickte mir aber voll Einverständnis zu. In der Physikprüfung war ich schon etwas kühner geworden, und als ich hinter mir Seufzen hörte und ein Flüstern über nicht Lösenkönnen der Aufgaben, erbarmte ich mich des Unglücklichen und legte mein Konzept in die Lage, aus der mein Hintermann das Nötige entnehmen konnte. Leider war dieser Zustand nur von kurzer Dauer, denn der eine der Custoden merkte die Sache bald und beförderte mein Konzept wieder in die waagrechte Stellung. Auch mein Einwand, daß ich so weniger gut sehen könne, half nichts, und da schon dieser bescheidene Versuch dem Klassenlehrer angezeigt wurde, nahm ich mich in der Folge in Acht. In der darstellenden Geometrie war es bedeutend ungefährlicher, sogar Usus, daß man sich Zeichnungen und Texte austauschte. Hier revanchierten sich die Buben in sehr kollegialer Weise mir gegenüber, ich traute aber dem Landfrieden doch nicht ganz und gar und zog vor, die Tugendhafte zu spielen und die Arbeiten nur weiterzureichen, beim Selberabschreiben durfte ich mich ja unter keinen Umständen erwischen lassen, beim Abschreibenlassen schon eher.

In Geologie und Mineralogie dachte ich mindestens eine 8 zu bekommen, denn in diesen Fächern besaß ich tatsächliche Kenntnisse, nicht nur aus Büchern, sondern aus der Praxis, wenn man so sagen kann. Allein, wenn der Mensch Pech haben soll, so helfen ihm auch die Kenntnisse nichts. Der Zufall wollte auch hier, daß aus Gebieten Fragen bearbeitet werden sollten, von denen ich sehr wenig Ahnung hatte. Es ging den andern auch so, aber das waren keine praktischen Geologen wie ich. Es entstand schon gleich am Anfang der Stunde ein allgemeiner Aufbruch, und ein großer Teil der Schüler verschwand und hatte ein unbeschriebenes Blatt abgegeben. Denen war es genauso gegangen wir mir, nur hatten sie keinen Anlauf genommen, sich mit Ehren aus der Situation zu ziehen. Ich aber versuchte dies. Ich dachte mir, etwas muß geschrieben werden, vielleicht triffst du auch zufällig das Richtige. Ich behandelte also eine mir nicht zu schwer erscheinende geologische Frage über die Vulkane in Württemberg. Weil ich nun nicht recht wußte, wo diese Vulkane überall waren, verlor ich viel Zeit, um mir die Geographie wieder klar zu machen. Es mußte aber noch ein Fall aus der Mineralogie bearbeitet werden. Ich wählte das Thema: Die wichtigsten Edelsteine sollen nach ihrer krystallographischen Form, ihren physikalischen und chemischen Eigenschaften beschrieben werden. Ich hatte nur noch ganz wenig Zeit, über diese hinaus durfte man nicht bleiben. Da kam mir der rettende Gedanke und ich schrieb: »Der Diamant ist der Inbegriff aller Edelsteine« und in wenigen Zeilen ward er abgehandelt. Herr Professor Miller war über diese Leistung, die mich sehr befriedigt hatte, nicht erbaut, wohl aber Oberstudienrat Dillmann, der mir sagte, er verstehe den Herrn Professor Miller nicht, dafür hätte ich eine gute Note verdient, schon allein, weil ich mich so gut aus der Affäre gezogen hätte, auch hätte im Zeugnis berücksichtigt werden müssen, daß ich auf dem Gebiet schon selbständige Arbeiten publiziert hätte. Als ich kürzlich den inzwischen achtzigjährigen Professor Miller aufsuchte, sagte er mir, es tue ihm heute noch leid, daß er mir gewissermaßen mein Zeugnis verdorben hätte, Dillmann habe damals ganz recht gehabt. Ich konnte den alten Herrn beruhigen, indem ich ihm versicherte, mein guter Einfall hätte mir selbst so viel Spaß gemacht, daß das Zeugnis gänzlich aufgewogen sei.

Von jeher bis auf den heutigen Tag bin ich mit der Orthographie auf denkbar schlechtem Fuß gestanden. Die meisten Menschen halten dies für einen Ausfluß meines Leichtsinns. Dem ist aber nicht so, denn je mehr ich mich über ein Wort besinne, desto verkehrter schreibe ich es. Meine Orthographiefehler liegen also tiefer, davon einen Lehrer zu überzeugen, ist aber schwer. Diese unglückliche Anlage machte mir auch beim Abitur zu schaffen. So war man mit der Orthographie meines deutschen Aufsatzes nicht ganz einverstanden, und der Rektor ließ mich rufen, um über diesen Punkt mit mir zu sprechen. Er verhehlte mir nicht, daß mein Aufsatz der Beste sei, ich möchte ihm aber um des Himmelswillen sagen, nach welcher Orthographie ich schreibe. Schlagfertig erwiderte ich: »Herr Oberstudienrat, ich schreibe nach drei Orthographien, und zwar nach der alten Württembergischen, nach der Badischen und nach der neuen Württembergischen.« – »Dann weiß ich genug«, sagte Dillmann und entließ mich in Gnaden.

Weniger gut lief es bei der französischen Arbeit ab, auch da wäre mir meine Orthographie fast zum Verhängnis geworden. Ich schrieb darüber an meinen Bruder: »Nachdem Dillmann das Produkt menschlichen Nachdenkens zu Tage gefördert hatte, hielt er es mir mit entsetzter Miene hin und sagte: ›Schämen Sie sich nicht, eine solche Arbeit abzugeben, diese Fehler sind unerhört, einfache Leichtsinnigkeitsfehler! (dabei hatte ich die meisten mit Mühe nach reiflicher Überlegung und Anwendung ethymologischer Ableitungen hineinkorrigiert). Wissen Sie, was Ihnen dafür gehören würde, Arrest würde Ihnen gehören, aber das hilft jetzt nichts mehr, verdorben haben Sie sich das ganze Zeugnis!‹« Ich hatte inzwischen volle Fassung und Frechheit wieder gewonnen und sagte in naiver Weise: »Finden Sie nicht, Herr Oberstudienrat, daß meine Wendungen sehr elegant sind?« – Darauf schien er nun nicht gefaßt zu sein, er machte ein höchst erstauntes Gesicht und wußte nicht, sollte er es als Frechheit oder als naive Behauptung auffassen. Seine große Gutmütigkeit siegte, und er meinte: »Diese Orthographie, und dann tun Sie sich auch noch auf elegante Wendungen etwas einbilden. Sie sind ein komischer Mensch!« Er knüpfte dann noch einige Ermahnungen an, ich solle mich doch im Mündlichen recht zusammennehmen, um doch vielleicht noch eine 5 herauszuschlagen, es könne ihm ja einerlei sein, wie mein Zeugnis ausfalle, aber er nehme dasselbe Interesse an mir, wie an jedem seiner Schüler, deshalb solle ich mich auch nicht verwundern, wenn er sich zu meinem Heil ereifre. Ehe ich mich empfahl, kamen wir noch auf die Wohnung von Onkel Hugo zu sprechen, ich sagte, ich sei während der Pausen dort gewesen. »Ja«, meinte Dillmann, »das ist das vierte Haus vom Friedrichsplatz an, es ist aus Backstein gebaut.« – »Nein«, sagte ich, »es ist nicht aus Backstein gebaut, sondern aus rotem Sandstein«. Dillmann lachte und entgegnete: »Oh, Geologin, Geologin, Sie werden mit Ihrem Eigensinn noch manches erleben!«

Die mündliche Prüfung war in Latein, Französisch und Englisch. Es gelang mir tatsächlich, meinen schriftlichen Dreier in eine Gesamt 5 umzuwandeln. Die Jünglinge, die von mir abgeschrieben hatten, waren nicht so glücklich, denn sie hatten die »eleganten

Wendungen« verändert, um den Verdacht, abgeschrieben zu haben, zu zerstreuen. Das wurde ihnen leider zum Verhängnis.

Endlich war der Tag der Zeugnisverteilung gekommen, und nach allen diesen vorbereitenden rektorlichen Gesprächen war ich in höchster Spannung. Daß ich bestanden hatte, klang aus allen Äußerungen heraus, es handelte sich nur darum, mit welchen Prädikaten. Im Aufsatz hatte ich wirklich einen »Achter« (in Württemberg damals die beste Note, »vorzüglich«) und in den Sprachen und im Zeichnen eine fünf (befriedigend), in den übrigen Fächern, in denen ich eigentlich am meisten konnte, eine vier (genügend). Dillmann war mit dem Ergebnis nicht zufrieden, er sagte: »Wenn ich Sie nur ein halbes Jahr auf der Schule bei mir gehabt hätte, ich hätte Ordnung in Ihrem Kopf gemacht und Sie hätten das beste Zeugnis bekommen, so haben Sie halt ein mittelmäßiges«. Ich dachte sehr viel großzügiger. Hauptsache war mir, daß ich die Prüfung bestanden hatte, ich war aber doch stolz über die gute Meinung, die Dillmann von meinem Können hatte und in seiner Kritik durchleuchten ließ.

Die erste Herkules-Arbeit hatte ich nun hinter mir. Ich hatte die Voraussetzungen erfüllt, die Bedingung für das Universitätsstudium waren, nun galt es neu anzusetzen, um die Mauer zu stürmen, die mich noch von der Universität trennte.

Doch auch vor diesen Erfolg setzten die Götter den Schweiß!

Als »Mulus«

Als ich nach einem fast dreiwöchentlichen Hangen und Bangen zum erstenmal aller Sorge ledig als Mulus erwachte, fühlte ich mich begreiflicherweise im siebenten Himmel. Die Welt stand mir nun offen, wenigstens in meiner jugendlichen Phantasie, und mein Selbstgefühl hatte die übliche Stärkung erfahren, die das Bewußtsein, eine nicht alltägliche Arbeit geleistet zu haben, dem Sterblichen gibt. Jahrelang zähe Mühe und Arbeit war belohnt, wie sonst nur im Märchen, überall wurde mein Sieg über zopfige Vorurteile gefeiert, auch von denen, die mir bisher keinen Wind in die

Segel gegeben hatten. Namentlich war aber die Freude groß bei meinen freundlichen Gönnern, Anhängern und Mitarbeitern beiderlei Geschlechtes, zuvorderst bei meiner Tante Hiller und den beiden Großonkeln Linden, die ja alle einen beträchtlichen Anteil am Gelingen hatten. Voll Stolz sandte ich die Freudenbotschaft »Bestanden« nach allen Himmelsrichtungen, wo Freunde und Förderer wohnten, die mich durch das Auf und Ab der vorhergehenden Zeiten helfend und sorgend begleitet hatten, wie meine Karlsruher Lehrer und Lehrerinnen. Von allen Seiten liefen Glückwünsche ein, die das Zusammentreffen des Tages meiner Geburt als Menschenkind und Mulus feierten. Auch durch die Presse wurde mein Ruhm verbreitet, denn die Tatsache, daß ein Mägdlein an einem schwäbischen Gymnasium zum Abitur zugelassen worden war und diese Feuerprobe bestanden hatte, war in der damaligen Zeit, wo solches ein Novum im ganzen Reich war, wohl etwas Druckerschwärze wert.

Es folgten nun Feste auf Feste, beginnend mit dem des Realgymnasiums, gefolgt von denen, die mir die Verwandten bereiteten, und so verbrachte ich noch sehr vergnügte Tage in Stuttgart, ehe mich die Eltern nach Burgberg zurückriefen. Meine gute Mutter teilte meine Freude von Herzen, ebenso mein Bruder, der damals als Leutnant im Württembergischen Grenadier-Regiment Nr. V. in Ulm stand und mich auf der Durchreise festlich empfing. Nur mein Vater konnte sich der Lage noch immer nicht anpassen und goß mir etwas Wasser in meinen schäumenden Wein, weil ihm mein Zeugnis nicht gut genug schien. Darüber ärgerte ich mich nicht wenig, denn ich stand noch nicht soweit über den Verhältnissen, um zu erkennen, daß diese Kritik der Ausfluß einer tieferliegenden Verstimmung war, dadurch verursacht, daß mein Vater nun die Überzeugung gewonnen hatte, daß ich seinen Plänen und dem Elternhaus endgültig verloren war. Er hätte sich allerdings sagen sollen: »On ne prend pas les mouches avec du vinaigre« und sich denken müssen, daß sein schroffer Empfang, der mich aus allen Himmeln stürzte, mich nur noch schneller aus dem Hause trieb. Oder kannte er seine Tochter so wenig? Allerdings war noch allerhand Arbeit zu leisten, ehe ich daran denken konnte, Burgberg mit Tübingen zu vertauschen. Vorerst folgte ich einer sehr freundlichen

Einladung unseres Oberamtmannes nach Heidenheim. Herr Filser, der durch seine liebenswürdige kluge Persönlichkeit und seine hervorragenden Verdienste um die Landwirtschaft bei meinen Eltern in hohem Ansehen stand, verkehrte viel in unserem Haus, und meine Eltern überließen mich ihm gern auf einige Zeit, umso lieber, als auch Herr Filser der Ansicht meines Vaters war, daß ich wenigstens Landwirtschaft studieren sollte, um später nach Burgberg zurückzukehren und das Gut zu bewirtschaften.

Die Familie Filser, die aus Vater, Mutter, vier Söhnen und zwei Töchtern bestand, nahm mich mit großer Herzlichkeit bei sich auf und bot alles auf, um mir Abwechslung und Erholung nach den überstandenen Strapazen zu verschaffen. Es war damals die Zeit, wo die Gemeinden des Oberamtes für die geplante Landeswasserversorgung interessiert werden sollten. Oberamtmann Filser verstand dies meisterhaft und bereitete mir das größte Vergnügen, wenn er mich zu diesen Versammlungen in die entlegendsten Dörfer mitnahm. In der Regel zog ich schon früh am Morgen mit einem der Filserschen Söhne aus, um auf dem Weg Sandgruben und Steinbrüche nach Versteinerungen abzusuchen und dann am Nachmittag mit dem Oberamtmann in dem zum Versammlungsort bestimmten Gasthaus zusammenzutreffen. Dort wurde dann getafelt und zugehört, wie der Vater des Oberamtes in beredten Worten seinen Schutzbefohlenen alle Vorteile der Neuerungen auseinanderzusetzen und sie seinen Ideen zu gewinnen wußte. Häufig wurde es Nacht, bis alle Zweifel zerstreut und alle Rückfragen beantwortet waren und wir den Rückmarsch antreten konnten. Fahrverbindung war dann keine mehr, und wir pilgerten nicht selten noch stundenlang bei Mondenschein und Sternenhimmel durch die herrlichen Wälder der Oberamtsstadt zu. Die gute Frau Oberamtmann ließ es sich nicht nehmen, aufzubleiben, um uns, auch wenn der Morgen schon angebrochen war, mit einem warmen Nachtessen zu stärken. Da ich vom Laufen nie genug bekommen konnte, zog ich, wenn das Wetter günstig war, den folgenden Morgen wieder los, um Schmetterlinge zu fangen, und meistens wechselte dann mein Begleiter, weil der erste vom Tag vorher noch ermüdet war. Auf allen größeren Touren war der älteste Sohn Eduard, der damals Theologie studierte und die Ferien bei seinen Eltern verbrachte, mein Adjutant. Auf kleineren Exkursionen begleitete mich einer der jüngeren Söhne. Nur zu schnell verflogen die schönen Tage in dem gemütlichen und anregenden Hause Filser, wo ich auch andere interessante Menschen aus der Verwaltung und Industrie kennenlernte. Es war aber höchste Zeit, an meine Arbeit zurückzukehren und mit aller Energie der Frage näher zu treten, wie nun mein Übergang zur Universität am schnellsten und besten bewerkstelligt werden könnte. Dazu bedurfte ich aber wieder der Mitarbeit meines Großonkels Bebi.

Ich hatte nun wohl das Maturitätszeugnis, damit war aber keineswegs meine Zulassung zu den Vorlesungen verbunden, denn mit der geistigen Reife war noch nicht mein Geschlecht verändert worden. Diese Metamorphose, die ich mir schon in frühesten Kinderjahren gewünscht und auf die ich lange gewartet hatte, war zu meinem Leidwesen ausgeblieben, und mit dieser Tatsache und dem höchst unmännlichen Zopf der Akademiker mußte gerechnet werden. Ich stellte mich also auf den Boden der Tatsachen und begab mich zu meinem Großonkel nach Neunthausen, um dort die Netze zu stricken, in die wir Fakultät und Senat einfangen mußten. Es wurde beschlossen, daß ich nunmehr selbst mit den ausschlaggebenden Persönlichkeiten in Tübingen in Fühlung treten sollte. Als gütige Helferin bei dieser wichtigen Action stellte sich mir die für alles weibliche Streben zugängliche Gattin des Ordinarius für Anatomie, Frau Professor von Froriep, geborene Freiin von Hermann, in der freundschaftlichsten Weise zur Verfügung. In ihrem Hause eröffnete sich nun ein politischer Salon, in dem über das Für und Wider des weiblichen Studiums debattiert wurde. Frau von Froriep lud mich zu sich ein, und ich verbrachte sehr anregende, heitere und meiner Sache nützliche Tage unter ihrem gastlichen Dach. Einer der ersten Bekehrten war ihr liebenswürdiger Gatte, dessen alte Weimarer Tradition allem Frauenstreben wohlgesinnt war. In den wenigen Tagen, in denen ich im Froriepschen Hause weilte, machte ich die Bekanntschaft der in meiner Sache ausschlaggebenden Persönlichkeiten, teils in gesellschaftlichem Zusammensein im Hause meiner Freunde, teils im Haus Gleichgesinnter der Mathematisch-naturwissenschaftlichen Fakultät. Besonders waren es die beiden Mathematiker, die Professoren Brill und Stahl mit ihren

Frauen, die meine Angelegenheit zu der ihrigen machten. Ich verließ Tübingen mit dem Eindruck, daß dieser erste Schritt von gutem Erfolg sein würde. Von der Richtigkeit dieser Annahme überzeugte mich ein zweiter Besuch in Tübingen, den ich im darauffolgenden Frühjahr ausführte. Die Sache war nun so weit gediehen, daß ich nun ganz offiziell vorgehen konnte, um meiner einzubringenden Eingabe den Erfolg zu sichern. Die Mathematisch-naturwissenschaftliche Fakultät war geneigt, mich zuzulassen, und ich überzeugte mich nun auch, daß ich weder von Seiten des Rektors noch des Kanzlers Schwierigkeiten zu erwarten haben würde, die Senatsmitglieder der anderen Fakultäten waren allerdings geteilter Ansicht. Trotzdem hielt ich, auf Grund der bestandenen Reifeprüfung, den Versuch, die Zulassung zum Studium der Mathematik und der Naturwissenschaften zu verlangen, für aussichtsreich. Mit ebensoviel Begeisterung, aber mit weniger Geschick und Talent in der Beurteilung der Methodik des Kampfes, arbeitete für meine Sache die bekannte Frauenrechtlerin, Frau Professor Mathilde Weber, der schon prinzipiell viel an meinem Gelingen lag. Immerhin war nun meine Zulassung zur Tagesfrage geworden und sollte gleich nach den Herbstferien in Fakultät und Senat entschieden werden. Ich konnte also mit Befriedigung über die Entwicklung der Angelegenheit und in Erwartung der Dinge nach Burgberg zurückkehren.

In der unvermeidlichen Wartezeit widmete ich mich in Burgberg naturwissenschaftlichen, namentlich zoologischen und paläontologischen Studien. Ich hatte in dem Sohn unseres Hausarztes, Dr. Hermann Fuoss, der sich in Giengen als Arzt niedergelassen hatte, einen tüchtigen und eifrigen Lehrer gefunden, der mich nicht nur in allen wissenschaftlichen Fragen in freundschaftlichster Weise beriet, sondern auch meinen Vater für meine Pläne zu gewinnen suchte. Auch meine schon früher angeknüpften Verbindungen mit dem Hofmuseum in Wien – Hofrat Hauer –, dem Museum in Petersburg – Herrn Dr. von Lösch –, dem Naturalienkabinett in Stuttgart – Prof. Dr. Oscar Fraas und Prof. Dr. Lampert –, dem Naturhistorischen Museum in Karlsruhe – Geh. Hofrat Prof. Dr. Knop – und Prof. Quenstedt in Tübingen wurden weiter gepflegt und brachten mir viel Anregung und Erweiterung meiner Kenntnisse.

Mein Studium war indessen nicht nur von Fragen prinzipieller Natur abhängig, ein zweiter wunder Punkt betraf die Finanzierung meiner Pläne. Mein Vater hatte weder große Lust dazu, noch verfügte er über überflüssige Mittel, außerdem war ihm kaum zuzumuten, für eine Sache Opfer zu bringen, die er in keiner Weise billigte. Ich hatte nun schon seit Jahren in aller Heimlichkeit Schätze gesammelt, um sie einst für meine Zwecke verwenden zu können. Durch Schreibarbeiten, gelegentliche Geschenke, Verkauf von Heilkräutern an die Apotheke, Erntearbeiten, Verkauf alter Briefmarken, die ich überall, wo ich sie fand, mir aneignete, hatte ich mir allmählich 1000 Mark gespart. Mit diesem Betrag konnte ich, zur damaligen Zeit, fast ein Jahr studieren, und ich rechnete damit, daß, wenn der Anfang gemacht sein würde, ich sowohl Stipendien bekommen wie auch meinen Vater veranlassen könnte, mir zur Fortführung des Begonnenen weiter zu helfen. Während ich so spekulierte, eröffnete sich mir ganz unerwartet eine neue Geldquelle. Ich war zur Hochzeit eines Vetters, des Enkels meines Großonkels Bebi, nach Stuttgart eingeladen und sollte bei dem Bruder meines Vaters, Karl Linden, der mit einer reichen Amerikanerin, Marie Bech, verheiratet war, wohnen. Meine Verwandten forderten mich auf, noch länger bei ihnen zu bleiben, und ich benutzte diese günstige Gelegenheit, um bei Professor Lampert am Naturalienkabinett zu arbeiten und Untersuchungen über das Leben der Köcherfliegen, die ich in Burgberg begonnen hatte, weiterzuführen. Ich verbrachte den ganzen Tag vom frühen Morgen bis zum späten Abend im Laboratorium oder auf der Landesbibliothek, so daß meine Verwandten nicht übermäßig viel von meiner Gesellschaft hatten. Allein, mein Eifer erweckte ihr Interesse, und mein Onkel erklärte mir eines Tages kurz vor meiner Abreise, er lege Wert darauf, daß wenn ich überhaupt studieren wolle, ich mein Studium regulär und in standesgemäßer Weise absolvieren solle, er wäre bereit, mir dazu einen monatlichen Zuschuß zu geben. Obwohl ich ungern pecuniär abhängig wurde, so nahm ich doch das Anerbieten mit Dank an, denn mit diesem Zuschuß und meinen Ersparnissen war mein Studium gesichert und ich konnte der weiteren Entwicklung der Dinge mit Ruhe entgegensehen. Die Wartezeit war durch meine naturwissenschaftlichen Studien ausgefüllt und mit der Pflege und Erweiterung meiner Sammlungen, die meine beiden im Nordflügel des Schlosses gelegenen Zimmer nach und nach in ein Museum verwandelt hatten. Ich hatte mir auch allmählich alle Utensilien und Reagenzien angeschafft, um mikroskopische Präparate anzufertigen, deren Technik mir teils Dr. Fuoss, teils Professor Lampert beigebracht hatten, und ein kleines Mikroskop, das ich als Kind bekommen hatte, gestattete mir, in das Wesen der Dinge einzudringen. Ich hatte auch die Freude, daß dann und wann sich Interessenten fanden, die meine Schätze eines liebenswürdigen Blickes würdigten, und in besonders schöner Erinnerung ist mir der Besuch Oscar Fraas's, den ich gelegentlich eines geologischen Ausfluges, der ihn in das benachbarte Herbrechtingen führte, zu mir herauflotste, trotz des Protestes meines Vaters, der mein energisches Verfügenwollen über die Zeit des Gelehrten ziemlich anmaßend fand. Ich ließ mich indessen nicht aus meinem Konzept bringen, ging nach Herbrechtingen, begrüßte Herrn Professor Fraas und zog mit ihm im Triumph auf Schloß Burgberg ein. Meine Mutter hatte inzwischen die Wogen geglättet und dafür gesorgt, daß dem liebenswürdigen Forscher ein ebenso liebenswürdiger Empfang wurde.

Die Herbstferien näherten sich ihrem Ende, und bald mußte die Entscheidung für mein weiteres Leben fallen, insofern wenigstens, ob sich dasselbe im Inland oder Ausland abspielen würde, denn ich hatte die feste Absicht, für den Fall, daß Tübingen sich ablehnend verhalten sollte, an eine Schweizer Universität zu gehen. Da kam Ende Oktober die ersehnte Nachricht in einem Telegramm von Frau v. Froriep, die mir die frohe Kunde mitteilte, daß ich zum Studium der Mathematik und Naturwissenschaften zugelassen sei. Die Katholisch-theologische Fakultät hatte den Ausschlag gegeben. Meine Tübinger Freunde rieten mir, die offizielle Mitteilung nicht abzuwarten, sondern tunlichst schnell zu kommen, da die Vorlesungen schon begonnen hatten.

Nun standen also tatsächlich auch die Pforten der Alma mater für mich offen, und hätte die gütige Fee bei meiner Geburt mir neben dem Schwert, der Energie und der dicken Haut auch noch die Gabe des Gesanges verliehen, so hätte von da an bis zu meiner Abreise unser Staufenschloß vom Morgen bis zum Abend vom »Gaudeamus« widerhallt.

Tübingen

Ich habe keine rechte Erinnerung mehr daran, wie sich mein Auszug aus Burgberg abgespielt hat. Wahrscheinlich verlor ich mich so in Kleinigkeiten, bis endlich alles, was ich brauchte, beisammen und gepackt war, daß Abschiedsgedanken und andere Sentimentalitäten keinen Raum hatten und neben der Glücksempfindung »Es ist erreicht« nicht aufkommen konnten. Aus meiner Korrespondenz mit meinen Eltern geht aber hervor, daß ich am 19. November 1892 bei herrlichstem Sonnenschein wohlbehalten und sehr vergnügt in der Musenstadt angelangt bin und meine »Bude«, ein sehr nettes, kleines Zimmer im Hause einer kurz vorher aus Karlsruhe zugezogenen Frau Oberschulrat Deimling in der Christophstraße 7, bezogen habe. Nach meiner Ankunft begab ich mich sofort zu Frau v. Froriep, um ihr für alle Fürsorge und Mühe, denn sie hatte mir auch die Wohnung besorgt, zu danken und sie an meinem Glück teilnehmen zu lassen.

Frau Oberschulrat Deimling, die nunmehr die Aufgabe übernommen hatte, mich zu betreuen, war, wie es sich in den ersten Tagen herausstellte, die Cousine eines Jugendfreundes meiner Mutter, in dessen Elternhaus in Schwäbisch Gmünd meine Mutter mehrere Jahre nach dem frühen Tod meiner Großmutter verbracht hatte, da Frau Stadtpfarrer Wagner die Erzieherin meiner Großmutter gewesen war. Kaum angekommen, hörte ich also schon wieder von alten, freundlichen Familienbeziehungen. Frau Deimling hatte ihre Tochter Amalie, eine junge Lehrerin, und ihren jüngsten Sohn Paul bei sich, der Jurisprudenz studieren sollte, vorerst aber Einjähriger und eifriger Igel war. Die Jugend war ebenso liebenswürdig, heiter und nett wie die Mutter, so daß ich mich gleich wohl und heimisch bei ihnen fühlte, was von Wichtigkeit war, da ich ganze Pension genommen hatte. Für Zimmer und volle Verpflegung bezahlte ich damals im Monat 90 Mark und wurde dabei in jeder Hinsicht fabelhaft verwöhnt. Eine große Attraktion des Hauses und, man kann wohl sagen, dessen Mittelpunkt war ein wunderschöner irischer Setter, der auf den Namen Bruno hörte – oder auch nicht – und sofort innige Freundschaft mit mir schloß.

Als ich den ersten Abend allein auf meiner Bude war und ausgepackt hatte, überkam mich plötzlich der Gedanke: »Wirst du dich in diesem einfenstrigen kleinen Zimmerchen auf die Dauer wohl fühlen?« Denn Bett, Schrank, Schreibtisch mit Bücherregal, Waschtisch und Sofa standen an den beiden Längswänden aneinandergereiht und ließen nur einen schmalen Gang frei. Vor meinen Augen erstanden die geräumigen, geschmackvoll eingerichteten, meine geliebten Sammlungen beherbergenden Gemächer Burgbergs mit ihrer herrlichen Aussicht weit über das Land und hinab in das schöne grüne Wiesental. Jetzt sah ich auf Häuser, nur zwischendurch erspähte ich einen Weg ins Freie, der sich auf den Galgenberg verlor, den täglichen Gesundheitsspaziergang des von mir hochgeschätzten Dekanes der Mathematisch-naturwissenschaftlichen Fakultät, Professor Dr. Brill. Ich sagte mir aber folgerichtig: »George Dandin, tu l'a voulu« und damit waren alle unnützen Blicke nach rückwärts auf immer verscheucht, und ich fühlte mich in meinen neuen vier Wänden, die mich fast ein Jahr beherbergen sollten, äußert wohl.

In Tübingen gab es im Jahre des Heils 1892 an Kultursensationen: einen Gepäckträger, eine Droschke und, nachdem ich nun glücklich in die Universitätsstadt eingezogen war, auch noch eine Studentin. Der guten Dinge waren es also drei geworden, und ich darf wohl diese letzte Sensation ohne Überhebung als die fürnehmste bezeichnen, denn Gepäckträger und Droschken gab es damals in vielen größeren Städten des Schwabenlandes, aber Studentin war ich die erste und einzige im ganzen Königreich. In Baden hatte schon vor mir Fräulein Marie Gernet die Erlaubnis erhalten, am Polytechnikum in Karlsruhe mathematische Vorlesungen zu hören, auf Grund ihres Lehrerinnenexamens und ohne Abitur, und noch früher hatte die Mathematikerin Sonja Kowalewski bei Prof. Weiherstraß mathematische Vorlesungen besucht, sie soll aber den Augen der Kommilitonen durch eine spanische Wand entzogen worden sein. In meinem Fall verlief die Sache schon sehr viel normaler, indem die Zulassungsbedingungen die gleichen waren wie bei allen anderen Studenten und die ganze Mathematisch-naturwissenschaftliche Fakultät meinem Wissensdrang frei gegeben worden war, mit der Aussicht, nach vollendetem Studium und mit entsprechender Dissertation zur Doktorpromotion zugelassen zu werden.

Alle Vorsichtsmaßregeln aus »Tausend und eine Nacht«, alle Scheidewände waren weggefallen, ich durfte im selben Saal, auf gleicher Bank, unverhüllten Antlitzes mit meinen Kommilitonen den Vorlesungen folgen oder sie schwänzen. Letzteres kam bei mir allerdings nur in Krankheitsfällen vor. Es wurde nur einmal erwogen, ob in einem Hörsaal, der schon voll besetzt war, das Semester hatte bereits seinen Anfang genommen, der für mich bestimmte Stuhl in den hinteren oder in den vorderen Reihen eingeschoben werden sollte, und ob es passender sei, daß ich vor dem Dozenten von dem Dozentenzimmer aus hereinkommen müsse. Im ersten Fall entschied ich mich für die vordersten Reihen, im zweiten Fall für den allgemeinen Eingang, was, wie ich später hörte, auch von den Studenten als das Gegebene betrachtet wurde. Allein, trotz dieser großen Fortschritte nach der liberalen Seite und trotz meiner entschieden verbesserten Stellung gehörte ich genau besehen doch nicht zu den legitimen Kindern der Alma mater Eberhardina Carolina, denn es fehlte die standesamtliche Eintragung, die Immatriculation. Im Grund genommen war dies ein jeder Gerechtigkeit hohnsprechendes Messen mit zweierlei Maß. Ich gehöre aber glücklicherweise nicht zu den Menschen, die sich nur im Schema F wohlfühlen können, und so ließ ich mir auch über diese Unvollkommenheit des Lebens keine grauen Haare wachsen, sondern freute mich des Erreichten und dachte im Stillen: Schranken sind da, um übersprungen zu werden. Es waren auch keine zwei Jahre vergangen, als ich bereits in die mir verschlossene medizinische Fakultät eingedrungen war, lustig präparierte und in der Physiologie andächtige Zuhörerin war. Alle Vorlesungen, die ich belegt hatte, wurden mir am Schluß des Semesters auf dem Rektorat bestätigt, so daß ich mein Studium jederzeit nachweisen konnte, was dann auch notwendig wurde, als ich vom Allgemeinen Deutschen Frauenverein ein Studienstipendium erhielt.

Im Gegensatz zu dieser offiziellen, doch mehr oder weniger stiefmütterlichen, oder besser gesagt: Verlegenheitsbehandlung stand die besonders liebenswürdige Aufnahme, die ich bei allen Professoren und deren Familien fand, in erster Linie innerhalb meiner Fakultät. Ich kann wohl sagen, daß alles, was zur Universität gehörte, mir freundliches Interesse entgegenbrachte. Selbst Rektor und Kanzler, der katholische Theologe Professor Dr. Funk und Staatsrat Prof. Dr. von Weizsäcker, erwiderten meine Besuche, und als ich den Letzteren wie üblich in dem Salon meiner Hauswirtin empfangen wollte, bestand der alte Herr darauf, meine »Bude« zu sehen, die glücklicherweise in schönster Ordnung war. Er gab mir den guten Rat, solid zu sein, keine Abendgesellschaften zu besuchen und um zehn Uhr ins Bett zu gehen, denn: »Sie müssen uns Ehre machen!« Dieser wohlmeinende Rat war gut angebracht, da schon damals meine Gesundheit etwas zu wünschen übrig ließ, als Folge von den vorhergehenden jahrelangen geistigen und seelischen Strapazen, so daß es manchmal den Einsatz meiner vollen Energie bedurfte, um mir nichts anmerken zu lassen. Ich hatte nicht viel zuzusetzen, und es war mein Glück, daß ich in die sorglichen Hände von Frau Deimling kam, die meinen Zustand mit feinstem Verständnis richtig einsah.

Eine wichtige Sache war die Aufstellung meines Studienplanes, bei der mich Herr Professor Brill in freundlicher Weise beriet. So wurde beschlossen, daß ich in den ersten Semestern sowohl mathematische wie naturwissenschaftliche Vorlesungen hören sollte, um mich dann später für das eine oder andere zu entscheiden. So belegte ich bei den Herrn Professoren Stahl, Brill, Hölder Mathematik, bei den Herrn Lothar Meyer, Braun, Vöchting, Eimer Chemie, Physik und Botanik sowie Zoologie bzw. vergleichende Anatomie und Histologie. Meine geistige Speisekarte war somit reichlich besetzt, aber ich konnte auch das nicht genug bekommen. Zu alledem forderte mich der Zoologe, Herr Professor Eimer, auf, das zoologische Laboratorium zu belegen, um meine selbständigen Arbeiten fortführen zu können und gleich mit einem Thema Fühlung zu nehmen, aus dem eventuell meine Promotionsarbeit sich entwickeln könnte. Ich war mit diesem mich außerordentlich ehrenden und mir sehr sympathischen Vorschlag einverstanden und belegte einen Arbeitsplatz, den ich dann während der ganzen Zeit meines Tübinger Aufenthaltes innehatte.

Alles ging nach Wunsch. In der Vorlesung konnte ich ohne Schwierigkeit folgen, mit den Studenten kam ich gut aus, und Vorlesung und Arbeiten im Laboratorium brachten mir sehr viel Neues und Interessantes. Meine ganze von Vorlesungen freie Zeit verbrachte ich im Zoologischen Institut, wo sich neben Professor Eimer die beiden Assistenten des Instituts sehr freundlich meiner annahmen und immer bereit waren, meine Fragen zu beantworten und meine vermeintlichen »Entdeckungen« zu begutachten. Erster Assistent war Herr Dr. Fickert, die rechte Hand des Chefs, der zugleich die Sammlungen zu betreuen hatte. Er war ein Original und seiner Originalität wegen, aber auch weil er mit den Arbeiten des Chefs so verwachsen war, daß er sich nicht mehr davon losmachen konnte, nicht weiter gekommen. Ich habe nie einen Menschen gesehen mit einem solch umfassenden Wissen auf allen Gebieten. Neben ihm kam man sich wie ein Ignorant vor, selbst wenn man sich einbildete, etwas zu wissen. Ich bin aber auch nie jemand begegnet, der seine Arbeit mit einer so pedantischen Pünktlichkeit anfing und niederlegte. Wenn der Zufall es wollte, daß er über den ersten Glokkenschlag der Mittagspause aufgehalten wurde, so wurde er unruhig und nervös, wie wenn er unter einer Suggestion stände. Mit ebenso großer Pünktlichkeit wurde jeden Abend um sechs Uhr nach Lustnau gewandert, um dort den Abendschoppen zu trinken. Während Dr. Fickert dem Chef zu assistieren und die Arbeiten im Laboratorium zu leiten hatte, die auf dem Gebiet Professor Eimers lagen, war die Aufgabe des zweiten Assistenten, Dr. Hesses, hauptsächlich die, die Arbeiten im Laboratorium, die auf histologischem Gebiet lagen, zu leiten. Hesse war sehr viel jünger und ein unermüdlicher Lehrer und Forscher, der bestrebt war, Karriere zu machen, was ihm durchaus gelungen ist. Er war aber trotzdem für allen Scherz zu haben, den wir im Laboratorium ausführten. Sehr eingenommen war ich von Anfang an von Professor Eimer. Er war eine geniale Persönlichkeit, ein vorzüglicher, fesselnder Lehrer und ein guter, liebenswürdiger Mensch, eher temperamentvoll, geradeheraus und dadurch nicht überall beliebt. In seinen Vortrag legte er seine ganze Persönlichkeit und deshalb wurde jeder hingerissen, der Interesse für die Sache und Verständnis für seine Ideen hatte, die in wesentlichen Punkten von den Anschauungen der Nachdarwinianer abwichen. Eimer war Lamarckianer, vertrat die Vererbung erworbener Eigenschaften und eine bestimmt gerichtete Entwicklung der Organismen und bekämpfte die übertriebene Anwendung der Auslese durch natürliche Zuchtwahl im Kampf ums Dasein. In

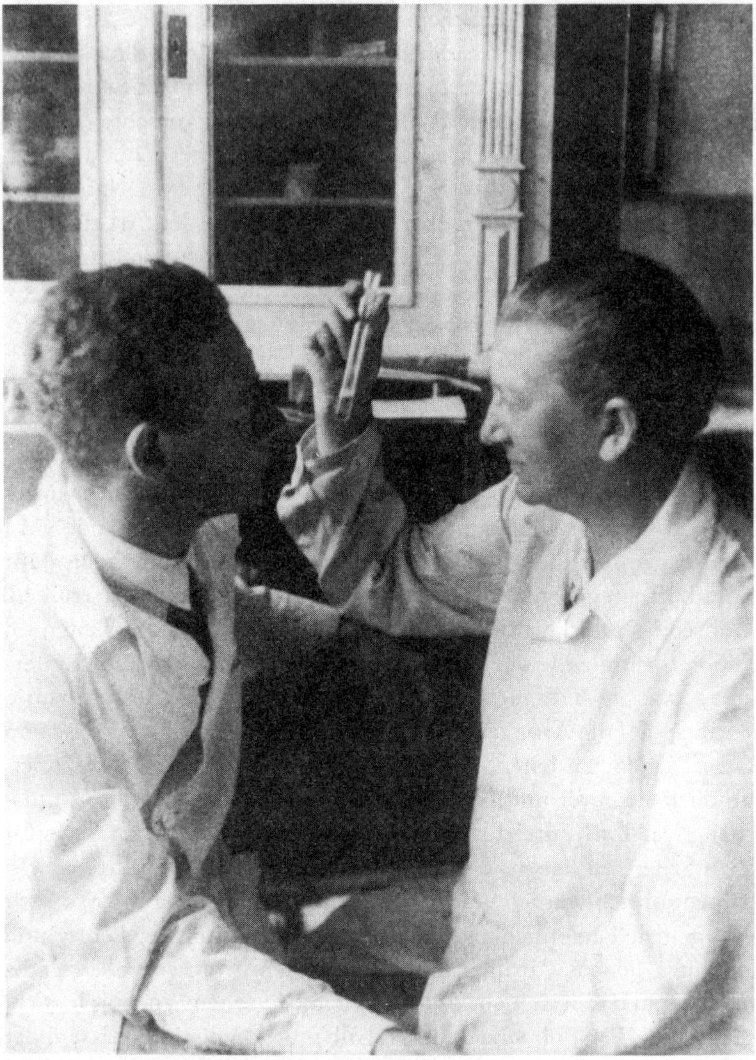

Maria von Linden mit ihrem Neffen Friedrich von Linden im Labor (Aufnahme aus der Bonner Zeit).

seiner Polemik konnte er, seinem Temperament entsprechend, außerordentlich scharf sein, was ihm zahlreiche Widersacher zuzog. Auf meine wissenschaftliche Entwicklung hat Eimer einen sehr entscheidenden Einfluß ausgeübt, weil er es verstanden hat, seine Schüler an die Probleme heranzubringen, und weil er sie ganz an seinen Forschungen teilnehmen ließ.

Die Vorlesungen Professor Eimers hatten den Ruf, mit etwas gewagten Witzen gewürzt zu sein. Auch meine Gegenwart hielt ihn nicht von diesen humoristischen Abwegen ab, und so amüsierte es mich, wenn Eimer an der Stelle: »Da pflege ich einen Witz zu machen« erst schelmisch zu mir herübersah, sich aber, sobald die Pointe über seine Lippen kam, verlegen errötend abwandte. Eimer hatte Freude an meinem Eifer und mochte mich auch sonst gern leiden, was sich darin äußerte, daß er keine Gelegenheit vorübergehen ließ, mich zu necken. In einem meiner ersten histologischen Kurse kam er, ich weiß nicht mehr in welchem Zusammenhang, auf die Erschaffung des Menschen zu sprechen, da sagte Eimer zu mir gewandt: »Nicht wahr, Gräfle, der Mensch ist aus Dreck geschaffen?« Ich antwortete prompt: »Jawohl, Herr Professor, aber nur der Mann.« Nicht endenwollendes Gelächter von allen Seiten, am meisten lachte der Professor selbst, und ich hatte damit meine Stellung gemacht, denn alle sahen, daß ich Spaß verstand, weder prüde noch auf den Mund gefallen und ebenso wenig ins Mausloch zu jagen war. Da ich mich auch mit Frau Eimer, einer Schwester des Malers Lutherot aus Hamburg, und den Kindern gut verstand, entwickelte sich allmählich ein sehr netter Verkehr, und als ich von Tübingen fortging, und Professor Eimer gestorben war, verband mich auch mit seiner Familie herzliche Freundschaft.

Eine Dame, mit der ich namentlich im Anfang meines Studiums sehr viel verkehrte und bei der ich sogar regelmäßig einmal in der Woche aß, war die bereits erwähnte Frau Professor Mathilde Weber, die Witwe des Nationalökonomen. Sie hatte ein reizendes Haus in der Neckarhalde, dem schönen »Nizza« von Tübingen, mit prächtiger Aussicht auf Neckar, Alleen und Albberge. Frau Weber war ganz Frauenbewegung und versammelte in ihrem Haus nicht nur alle nach Tübingen gelangenden berufstätigen, gelehrten und politischen Frauen, sondern war auch unablässig bemüht, diese

Mathilde Weber, Tübinger Frauenrechtlerin.

Frauen zu ehren und ihnen zu helfen. Böse Zungen sagten, daß sie den Platz für das Wildermuthdenkmal in dem Seufzerwäldchen so gewählt hätte, daß vis à vis noch ein solches für ihr eigenes gewesen wäre. Leider steht der Platz noch leer, denn verdienen würde sie eine solche Anerkennung ihrer unermüdlichen Tätigkeit in der Frauensache, aus der ihr nicht nur Angenehmes, sondern auch reichlich Ärger erwachsen ist. Sie gehörte keineswegs der extremen Richtung der Frauenbewegung an, sie wollte nur eine gerechtere Verteilung des Sonnenlichtes zwischen den Geschlechtern, und daß namentlich auch die akademische Sonne weibliche Wesen bescheinen sollte. Die Frau, die in das öffentliche Leben eintrat, sollte aber um Gotteswillen nichts vom »Blütenstaub« verlieren und Urbild der Weiblichkeit bleiben. So sehr Frau Weber nun meine Pionierarbeit anerkannte, so konnte sie sich nicht damit abfinden, daß ich, die ich doch so lange auf meine Bubwerdung gewartet hatte, eben doch stark zur Verkörperung des »dritten Geschlechts« neigte. Ich trug Jackenkleider mit steifem Kragen, Männerhüte, Schuhe, die in ihrer Massivität, Form und Größe ebenfalls an das Männliche grenzten, stand in bester Kameradschaft mit den Kommilitonen, errötete nicht, wenn in der Vorlesung von Männlein und Weiblein die Rede war, kurz – aus meinen Staubbeuteln war der Blütenstaub schon verflogen oder nie in denselben gebildet worden. Reden um Reden über dieses Thema ließ ich bei bestem Appetit über mich ergehen, denn alles dies entsprang ja einer ideal gerichteten, grundgütigen Seele; aber an mir war eben Hopfen und Malz verloren.

Ein sehr amüsantes Erlebnis hatte ich während der ersten 14 Tage meines Tübinger Aufenthaltes. Mein Zimmer war vordem von dem Sohn des Hauses bewohnt. Bei meinem Nahen wurde Paul in den dritten Stock in ein Mansardenzimmer einquartiert. Als ich nun eines Nachts in tiefem Schlafe lag, rüttelte es an meiner Tür, der Riegel sprang auf, und herein torkelte der gute Paul und legte sich steif wie ein Besenstiel quer über mein Lager. Ich, nicht faul, nahm die Bierleiche, richtete sie auf mit den Worten: »Bitte eine Treppe höher!« Glücklicherweise war der noch nicht trinkfeste Igel von einem Bundesbruder begleitet worden, der ihn vor der Tür in Empfang nahm und ihn hinauf in seine Bude beförderte. Am nächsten Morgen traf ich den nächtlichen Sünder auf der Treppe sehr verlegen an, er entschuldigte sich und bat, ich möchte seiner Mutter von dem Abenteuer nichts erzählen. Ich versprach Diskretion unter der Bedingung, daß er sich uns allen gegenüber artig und wohlerzogen benehmen würde, und wenn Paul in der Folge aus der Rolle des artigen Sohnes fallen wollte, so trafen ihn meine drohenden Blicke.

So verliefen die ausgefüllten Tage in schönster Harmonie, ich fühlte mich nun endlich sorgenfrei und im richtigen Fahrwasser, mein Befinden machte gute Fortschritte, nachdem ich des Druckes und der Ungewißheit ledig war, die so lange auf mir gelastet hatte.

»Doch mit des Geschickes Mächten ist kein ew'ger Bund zu flechten.
Und das Unglück schreitet schnell.«

Kurz vor Beginn der Weihnachtsferien erhielt ich von Zuhause die Nachricht, daß mein Vater sich nicht wohl fühle und der Arzt in Sorge sei. Ich schlug vor, Papa solle mich Weihnachten abholen und den berühmten Tübinger Kliniker, Professor Liebermeister, konsultieren. Es kam indessen nicht dazu, weil der Zustand des Patienten ihm diese Reise im Winter nicht ratsam erscheinen ließ, und als ich nach Burgberg kam, lag mein Vater zu Bett und machte mir einen recht kranken Eindruck. Dr. Fuoss war mit meinem neuen Vorschlag, Papa nach den Feiertagen mit nach Tübingen zu nehmen, sehr einverstanden, und so wurde ein Krankenwagen bestellt, und ich brachte meinen Vater mit zwei Leuten von uns am 26. Dezember nach Tübingen in die Klinik. Dr. Fuoss war bis Ulm mit uns gefahren, und da der Zustand befriedigend war, konnte er mir von dort an die Verantwortung überlassen. Professor Liebermeister war mit dem Befund nicht unzufrieden, so daß ich wieder etwas optimistischer wurde. Mein Vater fühlte sich auch in der neuen Umgebung und Behandlung besser, so daß er mich bat, nach Burgberg zurückzukehren, dort verschiedene Verwaltungsgeschäfte zu erledigen und meine Mutter bis zum Beginn der Vorlesungen nach Tübingen zu entsenden. Am 3. Januar sollte ich fahren, ich war aber nicht ganz damit einverstanden, weil der Puls des Patienten unregelmäßig und aussetzend geworden war und Atembeklemmungen und zeitweise Phantasien auftraten. So fühlte sich mein Vater in seine Jugend zurückversetzt, nach Galizien, wo er als Offizier eine

Der Vater, Edmund von Linden.

Zeitlang gestanden hatte, und sah bzw. durchlebte eine Scene, von der er uns öfters erzählt hatte, wie er als Kurier in einer Nacht im Schlitten von einem Rudel Wölfe verfolgt wurde und nur durch seine flüchtigen Pferde und durch fürchterliches Geschrei, das er und sein Kutscher erhoben, vom Tode gerettet wurden. Beunruhigt durch diese Beobachtung am Krankenbett frug ich Professor Liebermeister, ob ich reisen könnte, was dieser bejahte. Er meinte, der einzige Grund, weshalb ich besser noch hier bliebe, wäre mein eigenes Befinden, denn ich hatte eine meiner öfters wiederkehrenden Anginen. Ich glaubte aber, deswegen trotzdem reisen zu sollen, und fuhr in der Frühe des 3. Januar in einem ungeheizten Bummelzug bei greulicher Kälte ab, um in Plochingen den Schnellzug und in Ulm dann den Anschluß nach Hermaringen zu erreichen, wo ich um vier Uhr eintreffen sollte. Der Schnellzug in Plochingen war gut geheizt, und kaum war ich etwas durchwärmt, als ich auch schon fest einschlief. Plötzlich erwachte ich aber an einem beängstigenden Traum: ich sah, wie mein Vater sich im Bett aufrichten wollte, aber plötzlich tot zusammenbrach. Aber es war ja nur ein Traum. In Hermaringen erwartete mich der Schlitten, wir mußten im Schritt fahren, da sehr wenig Schnee lag, und ich langte so erfroren zu Hause an, daß mein einziger Wunsch ein warmes Bett und Kaffee war. Ich war im Begriff mich zu legen, als ein Telegramm uns den Tod meines Vaters mitteilte; Papa hatte gegen zwei Uhr den Besuch einer Freundin meiner Mutter, bat sie um einen Schluck Wasser, und als er sich zum Trinken aufrichtete, sank er tot in die Kissen zurück, genau so, wie ich es geträumt hatte.

Nun war, von allem andern abgesehen, die Situation für mich mit einem Schlag wieder eine andere geworden. Es mußte nun zur Beerdigung alles vorbereitet werden, Telegramme flogen, um meinen Bruder herbei zu rufen, der in Lausanne Sprachstudien oblag. Meine Mutter hielt sich fabelhaft tapfer, und so fuhren wir zur Abholung der Leiche, die in Burgberg beigesetzt werden sollte, den folgenden Morgen wieder nach Tübingen. Am 5. war die Beisetzung bei einer fürchterlichen Kälte, die mich zum wiederholten Male in einen Eisklotz verwandelte. Wie nicht zu verwundern, bekamen mir die verschiedenen Kälteproben nicht sehr gut. Ich wurde krank, und Dr. Fuoss fiel die Aufgabe zu, mich so schnell wie möglich wieder auf die Beine zu stellen, um mir die Rückkehr nach meinem geliebten Tübingen in Bälde zu ermöglichen. So ganz leicht war die Aufgabe nicht, weil ich doch schon einige Zeit vorher nicht wohl gewesen war, was mich natürlich heruntergebracht hatte. Unsere Postbötin stellte die Diagnose: »Ja diesmal sieht's bös aus, d'Auge sind schon ganz nei g'falle«, aber d'Auge kamen auch wieder heraus, und Mitte des Monats landete ich wieder in Tübingen.

Es zeigte sich nach dem Tode meines Vaters, wie recht ich gehabt hatte, beizeiten meine Selbständigkeit zu erstreben. Meine Mutter sowie auch ich, solange ich unverheiratet blieb, hatten in Burgberg Wohnrecht nach einer Bestimmung der Stifterurkunde. Dieses Dokument aber war nicht aufzufinden, und ich hatte darum meiner Mutter geraten, zu mir nach Tübingen zu ziehen. Es war mir unsympathisch, meine Mutter in Burgberg zu wissen, nachdem mein Onkel Karl die Verwaltung übernommen und mein Bruder seinen Anteil am Fideikommiß an seinen Mitbesitzer gegen eine Leibrente verkauft hatte. Meine Mutter konnte sich aber nicht gleich entschließen, ihr langjähriges Heim zu verlassen, obgleich ihre pekuniäre Lage dies wünschenswert gemacht hätte. Ich selbst war auch in eine schwierige Lage versetzt, da mein Onkel mir in Folge der Erbschaftsstreitigkeiten seine Unterstützung zu meinen Studien entzog. Als die Professoren in Tübingen erfuhren, daß mir der Brotkorb so hoch gehängt worden war, sandten sie mir in großzügiger Weise die Kollegiengelder zurück, und Frau Professor Weber verschaffte mir sofort ein ansehnliches Studienstipendium beim Allgemeinen Deutschen Frauenverein. Ich selbst bewarb mich um die Krempsche Familienstiftung, die mich völlig unabhängig gemacht hätte und auf die ich durch meine Hillerschen Großeltern Anspruch hatte, da die Stiftung aber nur für Evangelische ist und ich doch nicht des Geldes wegen umsatteln konnte, ging mir diese Geldquelle verloren. Der Mammon hatte also offenbar keine Affinität zu mir. Alle meine Bekannten übertrafen sich in dem Bestreben, mir zu helfen, so daß ich wieder die Sicherheit bekam, daß mein Studium nicht in Frage gestellt sei, und daß mein Glauben an die Menschen wieder hergestellt wurde.

Ich hatte nur das eine Interesse, ungestört meine Studien fortführen zu können und war froh, als alles Traurige hinter mir lag und ich mich wieder in Hörsaal und Laboratorium betätigen konnte. Diese Herrlichkeit dauerte aber nur bis zum 8. Februar. Ein länger schon bestehender Husten hatte sich verschlimmert, Fieber war dazu getreten, und alles Sträuben war umsonst, ich mußte mich legen. »So, jetzt ist ja der Karren nett verfahren!« meinte mein guter Dr. Keller, als ich ihn rufen ließ. Er konstatierte einen über beide Lungen ausgebreiteten, heftigen Katarrh und kündigte mir einen längeren Bett- und Hausarrest an. Das fehlte nun gerade noch. Indessen, zu ändern war nichts mehr, und es war nun meine Aufgabe, möglichst schnell wieder gesund zu werden. Frau Deimling verpflegte mich in rührender Weise. Die Professorendamen kamen, um nach mir zu sehen, Frau Brill fast täglich, und der treue Diener Nagel vom Zoologischen Institut hielt die Verbindung mit der dortigen Bibliothek und [dem] Laboratorium aufrecht. Von Herrn und Frau v. Froriep kam aus dem Süden eine Sendung verschiedenartigster Landschnecken, über deren Zeichnung ich ja arbeitete, und Bücher hatte ich auch in Hülle und Fülle, so daß es im Bett schon auszuhalten war, besonders, da es nicht zu ändern war. Langsam gingen die Erscheinungen an der Lunge und das Fieber zurück, aber ein quälender, krampfartiger Husten blieb, so daß ein Kollegbesuch unmöglich war, als ich wieder ausgehen durfte. Meiner Mutter hatte ich von meiner Erkrankung nichts geschrieben, und als sie mich Ende März besuchte, war sie über meinen Zustand nicht sehr erbaut. Die Vorlesungen schlossen Mitte März, ich hatte versucht, noch einige zu besuchen, fühlte mich aber noch immer recht abgespannt, so daß mir die Ferien zupaß kamen. Stundenweise arbeitete ich auf dem Institut, im übrigen suchte ich bei gutem Wetter Schnecken, die ich zu meiner Arbeit nötig hatte, und machte auf diese Weise die Luftkur, die mir der Arzt verordnet hatte. Trotzdem kamen immer wieder kleine Rückfälle, der Katarrh wollte nicht weichen, mein Körpergewicht ging langsam, aber stetig zurück, ich hatte noch ein Pfund über Schneidergewicht, und es war ziemlich offenbar, daß ich einen Lungenknacks zurückbehalten hatte, an dem ich dann auch die nächsten sechs Jahre laboriert habe. Aber dank meiner Unkrautnatur und dem damit verbundenen Optimismus siegte ich gegen Bazillus und Verhältnisse zur freudigen Überraschung meiner Freunde und namentlich meiner Ärzte, die so warmen Anteil an meinem Wohlergehen nahmen.

Professor Liebermeister, den ich, wie die Sache gar nicht mehr vorwärts gehen wollte, auf Rat Dr. Kellers konsultierte, riet mir unbedingt, ein Jahr lang nach Davos zu gehen. Als ich ihm diesen Gedanken auszureden versuchte, da ich ja dazu weder Geld noch Lust hatte, meinte er, wenn ich so weiter machte, ohne etwas Gründliches für mich zu tun, würde ich vielleicht noch zwei Jahre leben, während ich in Davos ganz ausheilen könnte. Ich erwiderte: »Zwei Jahre reichen gerade noch, um meinen Doktor zu machen, das ist zunächst mein Ziel, also bleibe ich hier.«

Zunächst wurde der Versuch mit einer Milchkur gemacht, die aber gar nicht anschlug. Dr. Keller sprach nach einigen Monaten ein Machtwort, indem er mir die Milch ganz verbot und mich stattdessen nur mit Fleisch und Gemüse nährte. Die Wirkung dieser gänzlichen Umstellung der Diät war erstaunlich, ich fühlte mich bald wieder viel leistungsfähiger und schrieb meinem Bruder, ich hätte nun wieder Freude am Leben und glaubte, nun ganz gesund zu werden.

Begreiflicherweise wirkte auch störend auf meinen Zustand die Sorge um meine Mutter, die ich zärtlich liebte. Sie fühlte sich wenig glücklich unter den geänderten Verhältnissen in Burgberg, und so konnte ich sie endlich dazu bewegen, zu mir nach Tübingen überzusiedeln. Wir bezogen im Juli 1893 eine kleine, aber sehr nette 3-Zimmerwohnung im Hause des Kunstmalers Bauer in der Grabenstraße vis à vis vom Botanischen Garten. Wir verlebten dort trotz vieler Widerwärtigkeiten eine sehr gemütliche Zeit, und dadurch, daß ich nun ein Heim hatte, konnte ich auch meine Kollegen vom Institut, mit denen ich mich angefreundet hatte, bei mir sehen, was meiner Mutter und mir viel Anregung gab.

Eine große Rolle im Laboratorium spielte mein Bullterrier »Lump«. Wegen der guten Behandlung, die ich meinem treuen Begleiter angedeihen ließ, waren meine Kollegen, wie sie scherzenderweise sagten, im höchsten Grade eifersüchtig. »Ach, wenn Sie mit uns nur einmal so nett wären wie mit Lump!« – »Das würde Ihnen passen!« – »Wenn wir wieder auf die Welt kommen, wünschen wir uns, Ihr Hund zu sein!« – Das klang schon fast wie eine

Liebeserklärung, allerdings bescheidenster Art, rührte mich aber nicht, und die lieben Kommilitonen mußten sich schon daran gewöhnen, Lump mit Liebkosungen bedacht zu sehen, ohne etwas davon abzubekommen. Öfters mußte ich Lump im Laboratorium allein lassen, wenn ich ins Kolleg ging. Als ich eines Tages zurückkam, fand ich sein weißes Fell mit roten Zeichnungen überdeckt, und als ich mir die Sache genauer besah, bemerkte ich, daß die Jünger Eimers seine Theorie über die Entwicklung der Zeichnung der Tiere in allen drei Stadien auf ihm abgebildet hatten. Der Kopf trug Längsstreifen, es folgte deren Auflösung in Punkten, das Zusammenfließen der Punkte in Querstreifen, die dann in der Schwanzgegend in Einfärbigkeit zusammenflossen. Der Scherz war so gut und Lump so stolz, Vertreter der Wissenschaft zu sein, daß ich herzlich lachte und den Träger der Forschungsergebnisse unseres verehrten Chefs zum Essen mit durch die Stadt nahm. Es war nun interessant zu beobachten, wie ungehalten die Straßenhunde über Lumps Verkleidung waren, wie sie ihn anbellten und sogar aggressiv wurden. Nach Tisch mußten die Übeltäter mit viel Institutsalkohol das blütenweiße Gewand meines Leibhundes wieder herstellen, was ich mit Eifer und gutem Humor vollzog. Das waren die kindlichen Vergnügen, die wir uns neben den ernsten Studien leisteten, um nicht zu versteinern und zu versauern.

Die Ferien verbrachte ich, nachdem meine Mutter von Burgberg fortgezogen war, in Tübingen, mit Ausnahme der beiden ersten Jahre, wo ich in den Herbstferien meiner Gesundheit wegen einmal nach Zavelstein [fuhr], das zweite Jahr längere Zeit in Churwalden zubringen mußte. In Zavelstein gab es so viele Insekten zu beobachten, daß für kurmäßiges Leben trotz der Mahnungen meiner Mutter nicht viel Zeit übrig blieb. In Churwalden waren mir durch mein recht mäßiges Befinden die Flügel etwas beschnitten, und ich hatte eher Verständnis für die Anordnungen meines Arztes, einem sehr vernünftigen und klugen Landarzt, der sich im Bündner Land niedergelassen hatte, weil er in jungen Jahren lungenkrank war. Er war ein Schüler und großer Verehrer Billroths und interessierte sich sehr dafür, daß ich seinen Meister wenige Jahre vorher bei Andrians in Aussee kennengelernt hatte.

In Tübingen setzte ich in den Ferien meine Arbeiten auf dem Institut fort, ließ mir aber auch Zeit zum Spazierengehen und später, als ich im glücklichen Besitz eines Rades war, um kleinere Ausflüge auf dem Stahlroß zu unternehmen. Auch meiner Pensionsmutter, Fräulein Schneemann, stattete ich dann und wann einen Besuch ab, ebenso meiner Freundin, Gräfin Wartensleben-Andrian, die nach ihrer Scheidung Philologie studierte und teils in Zürich, teils in Heidelberg war. Um mich aus dem Laboratorium herauszulocken, veranstaltete Dr. Hesse kleinere Excursionen, die meinem immer noch recht mäßigen Befinden angepaßt waren. In den Osterferien 1895 hatte er die gute Idee, ein Ferienlaboratorium in Inzigkofen an der Donau einzurichten. Das reizende Örtchen ist nicht weit von Sigmaringen gelegen und bildete wegen der ausgedehnten Altwasser der Donau einen zoologischen Attractionspunkt. Ehe wir uns dort niederließen, machte Dr. Hesse mit einem Konpraktikant einen Erkundigungsausflug dorthin und stellte fest, daß wir und das Laboratorium ohne große Kosten dort untergebracht werden konnten. Er mietete zwei große helle Zimmer, eines für meine Mutter und mich, das andere für die beiden Herren, die es sich aber gefallen lassen mußten, daß ein Teil ihres Zimmers als Laboratorium abgetrennt wurde.

Der Pensionspreis sollte pro Kopf 2,50 Mark betragen. Es wurden zur gegebenen Zeit Mikroskope, Instrumente, Gläser, kurz – alle Utensilien, die wir nötig hatten, mit den unentbehrlichen Büchern zusammengepackt, und wir zogen, überzeugt von der Wichtigkeit und Bedeutung unseres Tuns, in Inzigkofen ein, gemustert mit prüfenden Blicken von Seiten der Einwohner. Der Wirtin war nur gesagt worden, sie möchte für zwei Damen und zwei Herren die Zimmer vorbereiten, sie hatte sich ihren eigenen Vers darauf gemacht und den Pensionspreis danach gehalten, nachdem sie uns aber mit solchem Apparat einziehen sah, kam sie schüchtern zu Dr. Hesse und sagte: sie müsse nun doch für die Person 3 Mark verlangen, da es doch bessere Damen wären. Wir lachten sehr über den feinen Blick unserer Hausmutter und concedierten willig den Aufschlag. Es war alles sehr nett und gemütlich, mit Ausnahme von drei Unbequemlichkeiten. Einmal mußte man an Regentagen den Schirm auf einen gewissen Ort mitnehmen, weil es hereinregnete, dann drang der kalte Tabakrauch von unten durch alle Fugen und

Ritzen des Fußbodens in unsere Zimmer ein, und schließlich waren die Betten ohne Matratzen, und die Federn im Bettrost waren nicht mehr ganz intakt, so daß sie einen unversehens aus den schönsten Träumen reißen konnten, wenn die Spirale das Bedürfnis hatte sich auszudehnen und rücksichtslos den auf sie drückenden Körperteil traf. Allein, solche außergewöhnliche Beigaben erhöhten den Reiz des Unternehmens.

Früh morgens zogen wir aus, hinunter an die Donau, fischten mit unseren Planktonnetzen die seltensten Tiere und brachten die mit dem Gewimmel gefüllten Gläser zur Untersuchung in unser improvisiertes Laboratorium, wo dann die Beute bis zum Mittagessen einer eingehenden Prüfung unterzogen wurde, begleitet von Rufen des Entzückens, wenn wir ein seltenes Infusor oder Krebschen erhascht hatten. Es wurde bestimmt, konserviert und gezeichnet, wie in der besteingerichteten biologischen Station. Nach Tisch wurde im Fürstlichen Park spazierengegangen, gesessen oder auch eine richtiggehende Siesta gemacht, dann wieder gearbeitet und gegen Abend ein Spaziergang in die hübsche Umgebung unternommen. Das Wetter war, wie es in den Osterferien gewöhnlich in unserem Klima zu sein pflegt, recht kühl und regnerisch, und die Expedition endigte schließlich damit, daß wir alle, mit Ausnahme meiner Mutter, einen Knacks hatten, der arme Dr. Hesse laborierte noch lange an seiner Gelbsucht, während wir anderen unseren Darmkatarrh sehr bald los waren, sobald wir nicht mehr im Altwasser der Donau herumpatschten. Trotz diesem etwas bedauerlichen Schluß des Unternehmens sah ich dasselbe noch als eine sehr gelungene Sache an, denn ich hatte viel dabei gelernt, schönes Material nach Hause gebracht, mich sehr gut amüsiert und noch obendrein mein Terrarium um zwei große Ringelnattern bereichert, die allerdings nach einiger Zeit Reißaus nahmen und offenbar dem Neckar zugewandert sind, denn wir hatten unsere Wohnung inzwischen mit einer anderen in der Uhlandstraße vertauscht.

Nun hatte ich bald meine sechs Semester studiert, meine Promotionsarbeit über »Die Entwicklung der Zeichnung und der Sculptur der Gehäuseschnecken des Meeres« abgeschlossen, und es bedurfte nur noch der Formalitäten und des Antrages zur Zulassung. Nach einigem Hin und Her wurde die Genehmigung erteilt und der 5. August für das Kolloquium bestimmt. Wochen vorher hatte Herr. Dr. Fickert in freundschaftlichster Weise mit mir Repetitorien angestellt und war der Ansicht, daß ich glänzend abschneiden mußte, denn er kannte ja die Steckenpferdchen seines Chefs genau. Ich hatte auch das Gefühl, sowohl in der systematischen Zoologie und Morphologie wie namentlich in der vergleichenden Anatomie und Physiologie und nicht weniger in der Embryologie und Histologie fest im Sattel zu sitzen. Die Geschichte der Zoologie wurde nur in einem Semester einstündig und publice gelesen, die konnte nicht gefährlich werden. Als Nebenfächer hatte ich Physik und Botanik gewählt und war auch darin ziemlich sicher. Nun kam also der große Tag heran, an dem ich die letzte Stufe ersteigen sollte, die zur akademischen Gleichberechtigung führt.

Gegen halb fünf Uhr hatte ich in der Universität zu erscheinen und wurde in das einfenstrige Wartezimmer geleitet, in dem immer das Fenster offen steht, um die Angstseufzer der Kandidaten hinauszulassen. Bald öffnete sich die Tür zum Prüfungszimmer, in dem die Fakultät versammelt war, und nachdem der Dekan auf die prinzipielle Bedeutung des Tages hingewiesen hatte, begann das Examen mit Physik, da Professor Eimer noch nicht erschienen war. Während Professor Waitz, der den nach Straßburg berufenen Professor Braun vertrat, mir die Geheimnisse der Strahlenberechnung des Lichtes und Schalles entlockte, kam Professor Eimer ziemlich aufgeregt hereingestürmt und erzählte am anderen Ende des Tisches, wie er mit seinem Füchsle einen Unfall erlitten habe, der wohl gut abgelaufen sei, aber zu seiner Verspätung geführt habe. Professor Waitz dankte befriedigt für die ihm gewährte Aufklärung der fraglichen optischen und akustischen Phänomene, und nun kam die Reihe an Herrn Professor Eimer. Ich fühlte mich sehr behaglich in dem Gedanken: »Dabei kann dir nie und nimmer etwas passieren!« Allein, oft kommt es anders, als man denkt. Das noch nie Dagewesene wurde Ergebnis: Eimer prüfte ausgerechnet in Geschichte der Zoologie, also in dem Fach, das ich kaum angesehen hatte, und mit viel Gedächtniskram.

Allein, der wackere Schwabe forcht sich nit, es wurde das reinste Katz- und Mausspiel. Aus jeder geschichtlichen Frage suchte ich das zoologische Material herauszuholen und nach der Richtung weiterzuspinnen, die mich in bekannte Regionen führte, während Eimer mich immer wieder in das Chaos zurückriß. Schließlich siegte aber meine Ausdauer, und ich hatte noch Gelegenheit, mich im Glanz meines Wissens zu zeigen. Immerhin verdarb mir mein geschichtliches Manko im Hauptfach die Note. In sehr freundlicher Weise suchte Herr Professor Vöchting, der Ordinarius für Botanik, die zoologische Scharte auszuwetzen, indem er nach kurzem Streifen der Systematik auf mein Lieblingsgebiet, die Pflanzenphysiologie, überging. Glücklicherweise hatte mich die etwas mißglückte Prüfung in Zoologie auch nicht kopfscheu gemacht, sondern meinen Geist durch den Zweikampf von allen Hemmungen befreit, so daß ich nun, wie Vöchting sagte, wie ein Buch geredet hätte. Hier gut abzuschneiden war auch nicht schwer, weil Professor Vöchting in erster Linie hören wollte, was man wußte, und nicht nach dem forschte, was man nicht wußte. Damit war das Kolloquim beendet, und ich konnte wieder in das Seufzerzimmer abziehen. Nach längerer Beratung, in der Professor Eimer von den anderen Herren manch tadelndes Wort über sein ausgefallenes Prüfungsthema zu hören bekam, wurde ich wieder hereingerufen und das Votum verkündet, daß ich die Prüfung »cum laude« bestanden hätte. Ich wußte, daß meine Arbeit sehr gut censiert [worden war] und auf dem Institut stritten sich die Kollegen darum, ob ich »summa« oder »magna cum laude« machen würde, so daß ich eine bessere Zensur erwartet hatte. Allein, mein Freund Eimer hatte mir aus irgend einer Laune die Sache verdorben, ich möchte sagen, in mutwilliger Weise. Vielleicht wollte er damit dokumentieren, daß er mich nicht protegiere. Sei dem, wie ihm wolle, jedenfalls war es auch in diesem Fall ein Glück, daß ich zu denen gehöre, die aufs Ganze gehen und sich nicht durch Noten die Laune verderben lassen. Ich nahm die Gratulationen der Fakultät ebenso strahlend entgegen, als ob ich mit »summa« abgeschnitten hätte, auch von der Überlegung ausgehend, daß später doch niemand mehr danach fragen würde. Vor der Universität erwartete mich meine Mutter mit Dr. Fickert und zwei Praktikanten, die schon in Angst geraten waren, weil ich noch nicht erschienen war. Dr. Fickert war über das Ergebnis nicht sehr erbaut, nachdem ich ihm aber sagte, daß unser Katz- und Mausspiel mir großen Spaß gemacht hätte, war er auch zufrieden und

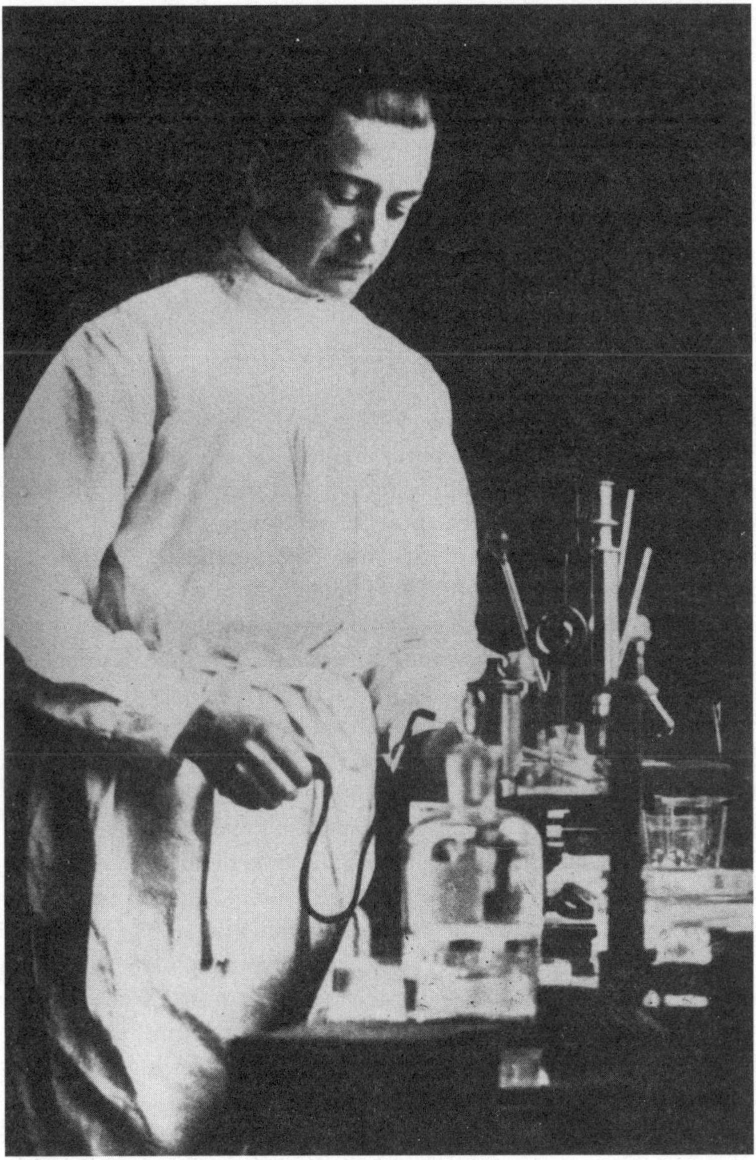

Maria von Linden bei der Arbeit im Labor (Aufnahme aus der Bonner Zeit).

zog schleunigst nach Lustnau ab, wo er schon seit einer halben Stunde hätte sein sollen. Ich konnte mir etwas einbilden, daß er meinetwegen unpünktlich wurde.

Meine Mutter und ich zogen vergnügt nach Hause, um dort das Ereignis in kleinem Kreis zu feiern.

Nun hatte ich also glücklich die Stufe erklommen, und die Pforten zum eigentlichen Kampf ums Dasein waren geöffnet.

Doctor rerum naturalium

Mit Straßburg, Freiburg, Heidelberg hatte Tübingen eine Naturwissenschaftlich-mathematische Fakultät, die an ihre Doktoranden den Doctor rerum naturalium verlieh und nicht den Dr. philosophiae wie die übrigen deutschen Universitäten, bei denen Mathematik und Naturwissenschaften nur eine besondere Sektion der philosophischen Fakultät bilden. Diesen ersehnten Grad hatte ich also jetzt erreicht, durfte aber den Titel noch nicht führen, bis zur Drucklegung meiner Dissertation, die vorzubereiten nun meine Aufgabe war. Vorher ging ich aber mit meiner ob ihrer Tochter sehr stolzen Mutter auf kurze Zeit nach Krumbach, einem kleinen Luftkurort in Bayrisch-Schwaben, da ich unbedingt eine Erholung brauchte nach den Anstrengungen des Rigorosums und des Widerhalls, den dieser bei allen meinen Freunden, aber auch sonst in der für die Fortschritte der Frauenbewegung interessierten Welt gefunden hatte, so daß ich mit einem Regen von Gratulationen überschüttet worden war, die alle zu beantworten waren.

Im idyllisch gelegenen, von großen Fichtenwäldern eingeschlossenen Bad Krumbach fanden wir die erhoffte Ruhe, trafen aber auch angenehme Gesellschaft, deren Mittelpunkt ein ebenso liebenswürdiger wie fein gebildeter Domkapitular aus Augsburg bildete, mit dem ich mich, wie seinerzeit mit Herrn Dekan Benz, ausgezeichnet verstand. Der Aufenthalt im Freien, große Spaziergänge und die gute Verpflegung trugen in kurzer Zeit dazu bei, daß mein Körpergewicht, das vor meiner Abreise auf 86 Pfund heruntergegangen war, sich dem Schneidergewicht wieder näherte. Wir konnten also daran denken, wieder zur Arbeit nach Tübingen zurückzukehren.

Mein Leben spielte sich nun zunächst in gleicher Weise ab wie vor dem Rigorosum, das heißt, ich verbrachte den größten Teil des Tages auf dem Zoologischen Institut, um den Druck meiner Dissertation vorzubereiten, die im Archiv für Zoologie, Abteilung: Arbeiten aus dem Zoologischen Institut der Universität Tübingen, erscheinen sollte.

Eine sehr zeitraubende Arbeit war die Zusammenstellung der Bildertafeln, die an meine nicht allzu großen zeichnerischen Fähigkeiten große Anforderungen stellte. Aber dank der liebenswürdigen Unterstützung, die mir von den beiden Assistenten, Dr. Hesse und Dr. Fickert, die beide sehr gute Zeichner waren, zuteil wurde, gelang das Werk schließlich ganz gut. Leider gab es damals noch keine Schreibmaschine, und so war ich gezwungen, mit meiner von allen als ausdrucksvoll gepriesenen und als unleserlich getadelten Handschrift, die schon Dekan Benz in der Schule als »Kirschehauke« charakterisiert hatte, die wohl 200 Schreibseiten umfassende Arbeit zu Papier zu bringen. Dabei hörte der Schweiß der Edlen nicht auf zu fließen, denn Professor Eimer hatte weder Lust, seine eigenen Augen noch die seines Kollegen, Professor Ehlers in Göttingen, des Herausgebers des Archivs, meinen kalligraphischen Künsten zum Opfer zu bringen, und ließ unleserliche Teile erbarmungslos an mich zurückgehen, einmal mit dem launigen Bemerken, ich möchte doch deutlicher schreiben, »Geheimrat Ehlers hat immer 'nen Gehrock an«. Dem Göttinger Geist mußte also geopfert werden und ich dachte mir: Möge dich dein Schicksal nie in die Universität der Gehröcke verschlagen.

Mit Semester-Beginn war die Herkulesarbeit beendet, das Manuskript mit seinen Tafeln war druckfertig und konnte nun seine Reise nach Göttingen antreten, um meine Weisheit in die weite Welt hinauszutragen. Es war ja nicht das erste Mal, daß ich die Aussicht hatte, ein Kind meines Geistes in Druckschrift schwarz auf weiß zu sehen, allein, dieses Geisteskind unterschied sich doch von den anderen, denn es war nach dreijähriger Inkubationszeit an der Universität zur Welt gekommen und schon aus diesem Grund bedeutend gewichtiger als die früheren, die in der Abgeschiedenheit und Stille des Landes ihr Dasein erblickt hatten und weder von dem Odem erster Vertreter der Wissenschaft befruchtet noch durch ein Votum der Fakultät ihre Weihe empfangen hatten.

Nachdem die Arbeit ihre Reise in die Druckerei glücklich angetreten hatte, blieb mir wieder Zeit, um noch Kolleg zu hören und mit der Ausarbeitung neuer Probleme zu beginnen. Ich warf mich nun hauptsächlich auf die Erweiterung meiner Kenntnisse in Physiologie und physiologischer Chemie, wo die Herren Professor Grützner und Hüfner meine Lehrer waren. Bei Professor Grützner nahm ich auch am großen Praktikum teil und erhielt die Aufgabe, die mechanischen Verhältnisse zu ergründen, die das Erheben auf die Zehenspitzen beim Menschen ermöglichen. Bei dieser Arbeit leisteten mir meine mathematischen Vorstudien gute Dienste. Professor Grützner, der früher an der Universität Bern war, stand dem Frauenstudium sehr sympathisch gegenüber und machte mir keinerlei Schwierigkeiten, obwohl ich ja nur zum Studium in der naturwissenschaftlichen Fakultät zugelassen war. Er gab mir Gelegenheit, mich in allen Gebieten der Physiologie zu orientieren und die Fragestellung und Versuchsanordnung kennen zu lernen. Was ihn mir außerordentlich sympathisch machte, war die Achtung, die er vor jedem lebenden Wesen hatte, und die menschenwürdige Behandlung, die er seinen Versuchstieren angedeihen ließ. Ich erinnere mich noch gut seines kleinen Pinschers »Ami«, der durch eine Facialis-Operation ein schiefes Gesicht bekommen hatte und alljährlich mit schöner Schleife geschmückt im Kolleg vorgeführt wurde, im übrigen der Vorzug der ganzen Familie und des Laboratoriums war.

Eine außerordentliche Anziehung übten auf mich die durch ihren klaren Aufbau und ihre experimentelle Vollendung ausgezeichneten Vorlesungen Professor Hüfners über physiologische Chemie aus. Er verstand es in meisterhafter Weise, einem die verwickelten Vorgänge, die sich in dem Laboratorium des lebendigen Körpers abspielen, verständlich zu machen und im Experiment zu veranschaulichen und das Interesse seiner Schüler in hohem Maße zu fesseln. Ich kann wohl sagen, daß die Vorlesungen Hüfners mich zu meinen späteren Arbeiten auf physiologisch-chemischem Gebiet nicht nur angeregt haben, sondern mir erst die Möglichkeit gege-

Maria von Linden (Porträt aus der späten Bonner Zeit).

ben haben, selbständig in dieser Richtung neue Probleme in Angriff zu nehmen und mit Erfolg zu bearbeiten.

Eine etwas unerwünschte Unterbrechung erfuhren meine neuen Unternehmungen auf wissenschaftlichem Gebiet durch das Eintreffen der sich schnell folgenden Korrekturbogen meiner Dissertation. Korrekturenlesen lag und liegt mir gar nicht, weil ich mich nur schwer in einer Sache konzentrieren kann, die mir bekannt und dadurch langweilig geworden ist. Nicht weniger schwer fällt es mir, vom Sinn zu abstrahieren und nur meine Aufmerksamkeit den Buchstaben und Interpunktionszeichen zuzuwenden. Diese meine Schwäche erkennend, half mir Dr. Fickert in freundlichster Weise, den Tücken des Druckfehler-Teufels zu begegnen, so daß mein libellum noch im selben Winter in voller Korrektheit seine Reise in die Öffentlichkeit antreten konnte. An Königs Geburtstag 1896 war der große Tag, der mich in den Besitz meines Doktordiploms brachte und mich in den Genuß aller mit dieser akademischen Würde verbundenen Rechte setzte.

Nun galt es durch verdoppelten Fleiß zu zeigen, daß ich mir der Verantwortung bewußt war, die ich auf mich genommen, indem ich mich zu einem Studium entschloß, welches bisher Frauen nicht zugänglich war. Wenn ich heute sehe, wie Männlein und Weiblein einträchtiglich Seite an Seite in Hörsaal, Laboratorium und Seminar Wissenschaft schöpfen, erscheint es mir unglaublich, welche Summe von Arbeit, Ausdauer und diplomatischer Kunst nötig war, um die Geburtsstunde der ersten Tochter der Alma mater Eberhardina Carolina zur Tatsache zu machen. Gewiß verdanke ich es nicht zuletzt meinem kriegerischen Ascedenten, dem Skorpion, der mir den kühnen Willen gab, das Werk zu vollbringen, das ich mir vorgenommen. An Schatten hat es freilich nicht gefehlt auf meinem Werdegang, aber zum Schluß hat doch immer mein strahlender Tagesregent, die Sonne, gesiegt; und heute, wo ich Professor und wohlbestallter Leiter des Parasitologischen Instituts in Bonn bin, denke ich oft und gern zurück an die Kämpfe und Freuden der »Ersten Studentin von Tübingen«.

Anhang

Auszugsweise Wiedergabe des Schriftwechsels über die Zulassung der Verfasserin zum Studium an der Universität in Tübingen.

K. Württemb. Ministerium
Stuttgart, 18. II. 1888.

Sr. Excellence Freiherrn Joseph von Linden, Staatsminister a. D., Cannstatt.

Euer Excellenz! Beehre ich mich auf die sehr geschätzte Anfrage hinsichtlich der Zulassung einer Dame zur Doctorpromotion bei der naturwissenschaftlichen Fakultät der Universität Tübingen unter Zurückgabe des betreffenden Schreibens ergebenst zu erwidern, daß ich zunächst den Dekan der Fakultät um seine Äußerung ersucht habe, da die Promovierung zur Würde eines Doktors Sache der Fakultät ist. Derselbe hat nun zwar das Bedenken erhoben, ob es folgerichtig wäre, daß wenn Damen von dem Besuch der Vorlesungen an einer Universität ausgeschlossen bleiben, sie »Zur Krönung des Studiums« der Promotion zugelassen werden. Zugleich hat sich derselbe, da die Fakultät noch nicht in die Lage gekommen sei, die Frage zu entscheiden, bereit erklärt, auf etwaigen Wunsch von meiner Seite eine Beratung der Fakultät über die gestellte Frage zu veranstalten, wobei er übrigens beifügt, daß voraussichtlich jedenfalls nur, wenn die betreffende Dame das Reifezeugnis eines humanistischen oder Realgymnasiums besitze, ihre Zulassung zur Doktorbewerbung in ernstliche Erwägungen gezogen werden dürfte. Auch müßte ich mir noch eventuell eine gutachtliche Äußerung des Kanzlers der Universität, welcher bei den Doktorpromotionen statutengemäß mitzuwirken hat, vorbehalten. Würden die genannten Behörden im Grundsatz sich nicht gegen die Zulässigkeit der Verleihung der Doktorwürde an Damen erklären, so würde dies auch meinerseits einer Beanstandung nicht unterliegen.

Da übrigens hierüber nach der Äußerung des Dekans der Fakultät eine sichere Antwort auf die gestellte Frage nur nach Einvernehmen der Fakultät selbst und des Kanzlers der Universität gegeben werden kann, so dürfte es sich jedenfalls empfehlen, ehe Schritte zum Nachweis einer für das Reifezeugnis eines Gymnasiums erforderlichen Vorbildung eingeleitet werden, jene Äußerung zu veranlassen, wozu ich bereit bin.

Ich habe hienach das Weitere zunächst Euer Excellenz ganz ergebenst anheim zu stellen.

Verehrungsvoll Sarwey.

Neunthausen, 28. II. 1888.

Liebe Nichte Maria! Unter Bezugnahme auf mein vorläufiges Schreiben vom 21. d. M. teile ich Dir nun Folgendes mit:

Aus anliegendem Schreiben des Herrn Staatsministers für Kirchen- und Schulwesen ersiehst Du, daß derselbe alle Geneigtheit zeigt, Dein Gesuch zu unterstützen; es ist aber Sache der Fakultät und des Kanzlers, sich darüber auszusprechen, in bejahendem Fall wird der Minister keine Schwierigkeiten machen.

Nun ist aber unter allen Umständen das Reifezeugnis eines Gymnasiums nötig, um auf Zulassung zur Würde eines Doktors rechnen zu können. Deshalb glaube ich, daß es sich empfehlen würde, zu versichern, daß das Reifezeugnis keinem Anstand unterliegen dürfte, denn wenn die gelehrten Herrn erfahren, daß eine hochgeborene, elegante junge Dame sich bereits zu der begehrenswerten Höhe heraufgearbeitet hat oder bereit ist, die letzte sichere Hand anzulegen, so schmilzt das Eis des Prinzips manchmal, gelehrte Herrn fühlen doch auch menschlich. Also habe ich mir das Material für das Reifezeugnis des Realgymnasiums erbeten, dasselbe folgt als Drucksache, und es fragt sich nun, wie der Schatz Deiner Kenntnisse sich zu diesem Lehr- und Lernapparat verhält? Das wird freilich ohne ein Examen kaum festgestellt werden können, man müßte nur die Zeugnisse Deiner bisherigen Lehrer zugrunde legen, was mir nicht wahrscheinlich vorkommt, aber je nach der Stellung dieser Lehrer nicht gerade unmöglich zu sein scheint. Jedenfalls wird es darauf ankommen, in welchen Fächern der Kandidat der Nachsicht bedarf? Ich meine, Du solltest einmal die Gräfin

Maria von Linden darüber genau prüfen, in was sie besteht, in was sie noch der Nachhilfe bedürfte und ob sie geneigt ist, vielleicht noch den einen oder anderen sauren Gang zu machen? Ist dieses Vorexamen bestanden, dann können wir weitere Operationen besprechen. Der Herr Kanzler kennt den Onkel sehr gut, ist ihm sogar befreundet, und dieser getraut sich schon, für seine liebenswürdige Nichte zu plaidieren, aber stehen kann er natürlich für den Erfolg nicht.

Den Grund der Konsequenz, welchen der Dekan anführt, vermag ich gar nicht anzuerkennen; kann denn eine strebsame junge Dame sich die erforderlichen Kenntnisse nicht auch außerhalb der Vorlesungen an einer Universität erwerben? Wenn man junge Damen von dem Besuch der Vorlesungen ausschließt, so hat dies ganz andere Gründe; mancher pedantische Vortrag würde wahrscheinlich darunter leiden, wenn da und dort unter den Zuhörern ein niedliches Damengesicht auftauchte! Die Wissenschaft ist alt, aber ihre Schüler sind vielfach jung. Studiere nun das Material und dann gib mir eingehende Nachricht. Ich werde Dein Bestreben jedenfalls nach Kräften unterstützen; ich fühle noch jugendlich für die Wissenschaft und habe auch ihre Jünger nicht ungern; je nach Umständen könnte ich sogar die Schüler den Lehrern vorziehen.

Nun sei bestens gegrüßt von Deinem treuen Großonkel Bebi.

Neunthausen, 6. III. 1888.

Liebe Nichte Maria! Dein wertes Schreiben vom 2. d. M. habe ich mit großem Interesse gelesen und werde ich Dir sehr gerne meine weiteren Dienste leisten. Selbstverständlich habe ich daher das Schreiben dem Herrn Staatsminister für Kirchen- und Schulwesen v. Sarwey mitzuteilen. Derselbe wird aber »schwer tun«, um mich dieses Ausdrucks zu bedienen, wenn er nicht Dein Schreiben auch dem Dekan der Fakultät mitteilen darf, falls er darin überhaupt die Grundlage für weitere Schritte erkennt, was ich mir zu beurteilen nicht getraue. Solche Mitteilungen, wenn sie auch vertraulich erfolgen, haben nach gewöhnlicher Erfahrung doch das Bekanntwerden in etwas weiteren Kreisen zur Folge; ist es ja doch eine leider nicht ganz unbegründet sprichwörtliche Redensart: »Es sei eine Nachricht auf dem Wege des Kanzleigeheimnisses ins Publikum gekommen!« Nun kann die Sache nach meiner Auffassung Dir nur zur Ehre gereichen, das wird es auch in den Augen eines jeden, welcher wissenschaftliches Streben ehrt. Gleichwohl möchte ich den Schritt nicht ohne Deine Zustimmung tun und bitte mich darüber zu instruieren. Jedenfalls würde die Mitteilung Deiner beiden Schreiben nur »vertraulich« erfolgen, so daß von dem gelehrten Herrn oder seinen Kollegen immerhin einige Diskretion zu erwarten ist. Ich verbleibe in Erwartung Deiner Antwort –

Dein treuer Onkel Bebi.

Schloß Burgberg, 8. III. 1888.

Lieber Onkel! Soeben erhielt ich Deinen lieben Brief, für den ich Dir vielmals danke. Ich beeile mich, denselben zu beantworten und Dir die gewünschte Auskunft zu erteilen. Es ist mir nicht im Mindesten unangenehm, wenn Sr. Excellenz, der Herr Staatsminister für Kirchen- und Schulwesen, meinen Brief, so er es für nötig hält, dem Dekan der Fakultät mitteilt, da es ja, wie Du meinst, nur fördernd für meine Angelegenheit wirken kann. (...)

Deine dankbare Nichte Maria.

Neunthausen, 13. III. 1888.

Der große Wurf, liebste Nichte, ist getan, beide Briefe sind mit besten Empfehlungen an v. Sarwey abgegangen, auch ein Empfehlungsschreiben an Kanzler v. Rümelin. Möge er gelingen? Die großen gelehrten Herrn sind ebensowenig leicht zu schätzen, wie die großen Herren im politischen Leben, – sie müssen denn dem nun in Gott ruhenden, durch die ganze zivilisierte Welt betrauerten Kaiser Wilhelm gleichen.

Dein treuer Onkel Bebi.

Tübingen, 17. III. 1888.

Euer Excellenz, kann ich auf Ihre hochgeehrte Zuschrift leider nicht die Antwort geben, die meiner Neigung, den Wünschen von Damen stets entgegen zu kommen, entsprechen würde.

Als Kanzler hab ich zwar bei allen Doktorpromotionen ein Bestätigungsrecht auszuüben, aber die Erteilung oder Versagung selbst liegt in der Hand der Fakultät, und meine Befugnis geht nur dahin, die Verleihung eines Doktorhutes nach Umständen zu verhindern, aber nicht sie herbeizuführen. Die Tübinger Universität gehört zu den ungalantesten in Deutschland, insofern sie, womit ich selbst nicht einverstanden war, den Damen auch jeden Besuch ihrer Vorlesungen versagt. Einen Doktor des schönen Geschlechtes hat sie noch nie gemacht, und es ist mir auch von anderen deutschen Hochschulen aus neueren Jahrzehnten kein Beispiel erinnerlich. In der Schweiz wäre wohl der Plan am ehesten ausführbar; nur vermute ich, daß auch dort vorausgehendes Universitätsstudium vorausgesetzt würde.

Die Promotionsstatuten, von denen ich hier ein Exemplar der für die naturwissenschaftliche Fakultät geltenden Normen beilege, verlangen überall, daß der Bewerber Gymnasium und Universität oder denselben gleichzustellende Institute durchlaufen hat. Fräuleinspensionate dürften schwerlich als solche Äquivalente anerkannt werden, schon weil sie kein Latein zu lehren pflegen und ein Doktor, der sein Diplom nicht lesen könnte, sich nicht gut ausnehmen würde.

Die Nebenfächer, von welchen der Doktorand der Naturwissenschaften nach § 3 eines für das Colloquium zu bezeichnen hat, sind: Physik, Chemie, Mineralogie, Botanik und Zoologie. Diese mündliche Prüfung ist nicht leicht, da man bei der jetzigen Arbeitsstellung der Wissenschaften immer von Spezialitäten geprüft wird. Als die Hauptleistung aber gilt die Dissertation, welche im Druck zu erscheinen hat. Da man sagt, daß die Höhere Mathematik die den Frauen und Dichtern unzugänglichste Wissenschaft zu sein pflegt, so wäre eine Ausnahme von dieser Regel eine besondere und seltene Auszeichnung.

Ich wäre übrigens immer der Meinung, daß für ein Fräulein, das

Lust hat, Doktorin genannt zu werden, das Mittel, einem Doktor ihre Hand zu bieten, jedenfalls viel leichter und bequemer wäre, als ein Examen rigorosum zu bestehen.

Verehrungsvoll u. mit wärmster Empfehlung Euer Excellenz ganz ergebenster G. Rümelin.

Neunthausen, 19. III. 1888.

Liebe Nichte! In der Anlage sende ich Dir die vorläufige, leider nicht gerade günstige Äußerung unseres Kanzlers. Ich habe ihm aber bereits mitgeteilt, daß Du eine ganz achtbare »Lateinerin« seiest. – Hinsichtlich des am Schluß bezeichneten, allerdings sehr »naturgemäßen« Auswegs habe ich geäußert, daß der erkieste Doktor meines Erachtens jedenfalls nicht angeführt wäre. Die Doktorin »hoffentlich« auch nicht.

Dein treuer Onkel Bebi.

Schloß Burgberg, 21. III. 1888.

Lieber Onkel! Für Deine freundlichen Zeilen sowie für den Brief des Herrn Kanzlers nebst Einlagen, danke ich vielmals. Das Schreiben des Letzteren scheint ja gerade nicht zu Gunsten der Durchführbarkeit meines Planes zu sprechen. Daß zur Promotion Latein verlangt wird, setzte ich voraus und wußte es auch aus dem Schreiben Sr. Excellenz des Herrn Staatsministers, doch glaube ich in dieser Sprache genügende Kenntnisse zu haben, obwohl frühere Elevin eines Fräuleinpensionates, auch würde ich mich einstens sehr glücklich schätzen, wenn es mir vergönnt sein sollte, dem Herrn Kanzler mein Diplom ins Deutsche übersetzen zu dürfen. Letzterer scheint überhaupt mein Streben als Ausfluß kleinlicher Eitelkeit anzusehen, während ich nur die Befriedigung meines wissenschaftlichen Ehrgeizes darin suche. Überhaupt geht mein Streben dahin, mir das Diplom zu verdienen und es nicht der Liebenswürdigkeit der Fakultät zu verdanken, noch mich mit fremden Federn zu schmücken.

Würde mir Eitelkeit auf Titel und Rang Triebfeder sein, so müßte es mir vollkommen genügen, als Deine Großnichte Deinen Namen zu tragen.

Cannstatt, 7. IV. 1888.

Per aspera ad astra! Deine Kandidatur, liebe Maria, wird für mich zu einer Errungenschaft! Männlicher Ernst in anmutig weiblicher Form! Ich habe den kaustischen Freund in Tübingen von der Gediegenheit Deines Strebens überzeugt, indem ich dem Herrn Kanzler von Deiner stolzen Antwort Kenntnis gegeben habe, sowie, daß Du wünschest die Ehre zu haben, Sr. Excellenz Dein Doktordiplom »Deutsch vorzulesen«, habe ihm auch von namhaften lateinischen Autoren gesprochen, welche Du gelesen und die in Deinem ohne Zweifel bei dem Dekan der Fakultät liegenden Briefen bezeichnet seien. Hoffen wir die Eiskruste der Herzen der »Unnahbaren« schmelzen zu sehen. Inzwischen lebe wohl, Heldenjungfrau!

Dein treuergebener Onkel Bebi.

Naturwissenschaftl. Fakultät
der Universität Tübingen.

Tübingen, den 26. IV. 1888.

An Sr. Excellenz den Staatsminister des K. Württemb. Kirchen- und Schulwesens.

Euer Excellenz, habe ich die Ehre als Nachfolger des Herrn Kollegen Lothar Meyer im Dekanat der naturwissenschaftlichen Fakultät die in Betreff der Promotion einer Dame ergangene Anfrage hierdurch ehrerbietigst zu beantworten, indem ich die an Herrn Staatsminister Freiherrn von Linden, Excellenz, gerichteten Briefe beischließe.

Die Fakultät hat nach eingehender Beratung die folgenden Beschlüsse einstimmig gefaßt: Unsere »Normen« gehen von dem Grundsatz aus, daß der Anspruch auf den Doktorgrad erworben wird durch gründliche fachwissenschaftliche Bildung, die vermittelst einer die Wissenschaft fördernden Dissertation und eines mündlichen Examens nachgewiesen wird. – Von allen anderen Anforderungen, die gestellt werden, können wir eher zurückgehen als von dieser, wiewohl z. B. ohne Universitätsbesuch es bei dem heutigen Stand der Wissenschaft kaum möglich erscheint, sich jenen Bildungsgrad zu erwerben. Auch in dem Fall des Promotionsgesuches einer Dame werden diese Grundsätze unter allen Umständen maßgebend sein müssen.

Wenn wir nun gegenüber dem von Gräfin von Linden geäußerten Wunsch auch absehen wollten von dem Bedenken, daß sie eine Universität nie besucht hat, so ist dies doch unmöglich bei dem ungleich schwererwiegenden Umstand, daß der Umfang des Könnens und Wissens der Gräfin von Linden, der in dem Brief an den Herrn Staatsminister von Linden näher dargelegt ist, nicht entfernt an dasjenige Maß von mathematischer Bildung heranreicht, das die Fakultät fordern muß.

Von einer prinzipiellen Entscheidung der Frage über die Zulassung von Damen zur Promotion glaubte die Fakultät unter diesen Umständen vorerst absehen zu dürfen.

Ew. Exc. wollen dem Unterzeichneten nicht als Dekan, sondern als Fachmann noch folgende Bemerkung zuzufügen gestatten: Wenn die Dame, wie es den Anschein hat, es ernst meint mit ihrem wissenschaftlichen Streben und wenn sie bedeutenden Vorbildern ihres Geschlechtes nacheifern will – einen Lehrstuhl der Mathematik in Stockholm nimmt z. B. eine Frau Kowalewski mit Auszeichnung ein – so suche sie nach Erledigung der allgemein bildenden Fächer in ein Gebiet des großen mathematischen Lehrstoffs einzudringen. Voraussichtlich erst nach mehrjährigem Studium an einer Universität wird sie ein Thema zu bearbeiten in der Lage sein, das Aussicht auf Annahme als Doktordissertation besitzt.

Ew. Exc. ehrerbietigst ergebener A. Brill, derzeitiger Dekan der nat. wiss. Fakultät i. Tübingen.

K. Württ. Minist. des Kirchen- und Schulwesens.

Stuttgart, 30. IV. 1888.

An den Staatsminister Freiherrn v. Linden

Euer Excellenz! beehre ich mich unter Bezugnahme auf meine ganz ergebensten Zeilen vom 13. d. M. im Anschluß die Antwort des dermaligen Dekans der naturwissensch. Fakultät in Tübingen,

Prof. Brill, vom 26. d. M. auf die der Fakultät von mir gestellte Anfrage bezüglich der Zulassung von Damen zur Bewerbung um die Doktorwürde zur hochgeneigten Einsicht [beizuschließen]. Wie mir hiernach scheint, steht der Dekan der Fakultät dem Streben der Gräfin von Linden durchaus wohlwollend gegenüber, und ich gebe mich daher der Hoffnung hin, daß die von ihm gegebenen Fingerzeige bezüglich einer Fortsetzung und Vertiefung der mathematischen Studien der Gräfin gleichfalls eine freundliche und wohlwollende Aufnahme finden werden. Indem ich (etc. . . .)

Euer Exc. ganz ergebenster Staatsminister Sarwey.

Neunthausen, 3. V. 1888.

Liebe Nichte Maria! Das Orakel hat gesprochen und zwar »prinzipiell« nicht ungünstig. Lies zuerst das Schreiben des Herrn Staatsministers für Kirchen- und Schulwesen; es wird Dich ermutigen; sodann den Bericht des Herrn Professor Brill, welcher allerdings große Anforderungen zu stellen scheint, aber da, wo der Verfasser als »Fachmann« spricht, einen wohlwollenden Hochflug nimmt. Offenbar will man Dir und Deiner Sache wohl. Ob Du nun nach den gegebenen Winken weiter schreiten willst, kann ich mir zwar wohl denken, aber ich darf mich nicht darein mischen, sondern habe es Deiner Erwägung geziemend anheim zu stellen. Zu allen weiteren Diensten ist mit Vergnügen bereit

Dein aufrichtig ergebener Onkel Bebi.

Schloß Burgberg, 6. V. 1888.

Lieber Onkel! Sehr erfreut bin ich über die vorläufige Entscheidung der naturwissenschaftlichen Fakultät, welche ja »prinzipiell« günstig ausgefallen ist. Daß Herr Professor Brill große Anforderungen stellt, schreckt mich, wie Du Dir denken kannst, keineswegs zurück, sondern sporn mich noch mehr an, soweit zu kommen, um denselben zu genügen. Ich zweifle kaum daran, daß dies mir möglich sein wird, und ich hoffe, daß die Verwirklichung meines Wunsches nur noch eine Frage der Zeit ist. Die von dem Herrn Dekan als Fachmann gegebenen Winke sind mir sehr willkommen, und ich glaube dieselben verstanden zu haben. In den letzten Tagen bin ich von der Großherzogin in das Viktoriapensionat in Karlsruhe eingeladen worden, und ich werde es nicht unterlassen, bei dieser Gelegenheit mit meinem früheren Mathematiklehrer, Professor Rebmann, mit dem ich seit meinem Austritt aus der Anstalt in wissenschaftlicher Korrespondenz stehe, Rücksprache zu nehmen, um mich durch ihn über den einzuschlagenden Weg instruieren zu lassen. Ich verbleibe (etc. . . .)

Deine dankbare Nichte.

Neunthausen, 11. V. 1888.

Ihrer Hochgeboren gebe kund und zu wissen, daß ich auf geschätztes Schreiben vom 6. d. M. am gehörigen Ort, den gehörigen Schritt, auf gehörige Weise, hoffentlich mit gehörigem Erfolg getan habe. Möge man durch die richtige »Brille« sehen. Vale faveque!

Dein Onkel Bebi.

Einliegend mein Brief an Herrn Prof. Brill.

Neunthausen, 24. V. 1888.

Euer Hochwohlgeboren, habe ich vor allem den verbindlichsten Dank zu sagen für die wohlwollende und eingehende Behandlung der Angelegenheit meiner Nichte, der Gräfin Maria von Linden, wie solche aus Ihrem hochgeschätzten Schreiben vom 16. Mai hervorgeht. Dasselbe läßt mich ahnen, daß die Strebsamkeit der jungen Dame vor dem Tribunal der Wissenschaft sich einiger Anerkennung erfreut.

Noch günstiger für sie wird es sich vielleicht gestalten, wenn ich jetzt im Falle bin, Euer Hochwohlgeboren mitzuteilen, daß meine Nichte nach Einsicht Ihres hochgeschätzten Schreibens und des Stundenplanes mir geschrieben hat, sie sei entschlossen, die gestellte Aufgabe zu lösen und hoffe derselben gewachsen zu sein; daß sie bei diesem Studium mit Schwierigkeiten zu kämpfen haben werde, bezweifle sie nicht, allein sie finde, daß in Schwierigkeiten nichts Abschreckendes liege, sondern daß dieselben im Gegenteil dem Studium noch größeren Reiz verleihen.

Euer Hochwohlgeboren werden es verzeihlich finden, wenn ich einen gewissen Stolz auf diese Nichte empfinde; ich habe eine solche Antwort erwartet, wiewohl ich mich durchaus zurückhaltend gegen sie ausgesprochen habe; aber immerhin freut es mich aufrichtig, meine Erwartung so entschieden eingetroffen zu sehen. Noch mehr: ich wies sie darauf hin, daß die prinzipielle Frage über Zulassung von Damen zur Promotion noch nicht entschieden sei, daß sie also des zunächst in Aussicht genommenen Preises noch nicht sicher sei. Darauf antwortete sie, daß sie unter allen Umständen willens sei, den von Euer Hochwohlgeboren gütigst vorgezeichneten Weg einzuschlagen, und sich alle Mühe geben werde, sobald als möglich das umfangreiche Pensum zu bewältigen. Wiederum ein Zeichen von einem, ich möchte sagen, uneigennützlichen wissenschaftlichen Streben. Wäre es denkbar, daß die hohe Fakultät jetzt, wo sozusagen die subjektiven Voraussetzungen für die Erlangung der Doktorwürde sicher sind und der feste Wille der Aspirantin, alle diesbezüglichen Anforderungen zu erfüllen, vorhanden ist, wäre es da nicht denkbar, daß die hohe Fakultät, so wie die Sache jetzt gelagert ist, an die Entscheidung der prinzipiellen Frage heranträte und der Aspirantin die Erreichung ihres Wunsches als lohnenden Preis für ihre Arbeit in der »Möglichkeit« liegend bezeichnete. Diese zarte Frage, die ich nicht ungütig, aufzunehmen bitte, lege ich in Ihre wohlwollende Hand, einem gefälligen Wink darüber entgegensehend.

Es wird nicht überraschen, wenn ich bemerke, daß meine Nichte in ihren Kreisen wohl auch manchem Einwand gegen ihre Bestrebungen begegnen dürfte. Die Neuheit der Sache bringt ja derartiges schon mit sich, da wird es für ihr Verhalten von Interesse sein, zu wissen, was sie in Aussicht zu nehmen hat, wenn dies auch nur, um nicht schließlich wegen einer vermeintlichen Enttäuschung angesehen zu werden. Es hätte aber die Bejahung der prinzipiellen Frage jedenfalls, wenn auch unbewußt, einen bedeutenden Einfluß auf ihre Tätigkeit, wie dies in der Natur der Sache liegt.

Hochgeehrter Herr Professor und Dekan der Fakultät, bedarf es der Erwähnung, daß Ihnen ein hochwichtiger Teil der sozialen Frage zur Entscheidung vorliegt. Echtem wissenschaftlichem Streben die ehrenvollen Bahnen zu öffnen ist eine der wichtigsten Aufgaben humanen Strebens, darüber bedarf es keines Wortes gegenüber dem geehrten Vertreter und Stützer der Wissenschaft!

Mit ausgezeichneter Hochachtung (etc. . . .).

Schloß Burgberg, 26. V. 1888.

Lieber Onkel! In der Anlage gebe ich Dir mit großem Danke Dein Schreiben an Professor Brill zurück, welches vollständig meinen An- und Absichten entspricht. Ich bin fest überzeugt, daß Professor Brill, dem Du so beredt mein Streben dargelegt hast, sich diesem gegenüber wohlwollend verhalten wird. Auch hoffe und wünsche ich, daß sich die Herzen der Fakultät den erwärmenden Strahlen Deiner am Schluß ausgesprochenen humanen Idee zuwenden werden. Mit den besten Grüßen etc. –

Deine dankbar ergebene Nichte Maria.

Naturwissenschaftliche Fakultät der Universität Tübingen

Tübingen, 28. V. 88.

Ew. Excellenz! Beehren mich in Ihrem hochgeschätzten Schreiben vom 24. mit der Anfrage, ob ein Beschluß der Fakultät in Betreff der Zulassung von Damen zur Promotion hervorgerufen werden könne durch die Erklärung, daß Ihre Fräulein Nichte den festen Willen besitze, sich die für die Erlangung der Doktorwürde erforderlichen Kenntnisse zu erwerben. Ich bedaure sagen zu müssen, daß nach meiner Auffassung nicht die geringste Aussicht dazu vorhanden ist, daß die Fakultät jene Erklärung zum Ausgangspunkt einer erneuten Prüfung der erhobenen Frage machen wird. Je mehr auch wir von der sozialen Bedeutung derselben überzeugt sind, umso gewichtiger muß der Anlaß sein, der die Fakultät nötigt, zu derselben amtlich Stellung zu nehmen. Ich bitte hiernach Ew. Exc. ganz ergebenst von dem Auftrag mich gütigst entbinden zu wollen, die neue Lagerung der Verhältnisse, deren in ihrem hochgeschätzten Schreiben Erwähnung geschieht, zum Anlaß einer wiederholten Diskussion der Frage im Schoße der Fakultät zu machen. Meine persönliche Meinung, der ich die Ehre hatte, schon dem Schreiben an Sr. Exc. den Herrn Kultusminister Ausdruck zu geben, geht übrigens immer dahin, daß einer hervorragenden wissenschaftlichen Leistung einer Dame die gewünschte Anerkennung – von der einen oder der anderen Seite – heutzutage nicht mehr wird versagt werden.

Genehmigen Ew. Excellenz (etc. . . .).

Prof. Dr. Brill.

Schloß Burgberg, 3. VI. 88.

Lieber Onkel! Vielen Dank für Deinen lieben Brief und für die beigelegte Antwort des Herrn Prof. Brill. Obwohl dieselbe nicht gerade meinem Wunsche entspricht, so habe ich dennoch Hoffnung, daß wenn ich nach Bewältigung den Pensums kampfbereit dastehen werde, die Entscheidung der prinzipiellen Frage eine günstige sein wird. Ich bin jedenfalls unter allen Umständen willens, den mir von Prof. Brill gütigst vorgezeichneten Weg einzuschlagen, um mit den nötigen Kenntnissen ausgerüstet in die Arena treten zu können. Dir, lieber Onkel, sage ich meinen herzlichsten Dank für Deine zahlreichen bisherigen Bemühungen und für die große Güte, mir auch fernerhin zur Förderung meiner Sache Deine hülfreiche Hand reichen zu wollen. Indem meine Eltern und ich Dich aufs herzlichste grüßen, verbleibe ich Dir nochmals dankend.

Deine dankbar ergebene Nichte Maria.

Biographische Notizen

Andrian-Werburg, Ferdinand Leopold Freiherr von, Geologe,
Vornbach a. Inn 1835–1914 Nizza
Nach dem Studium der Geologie arbeitete Andrian an der Wiener Geologischen Reichsanstalt. Seine Hauptarbeitsgebiete waren Urgeschichte, Anthropologie und Ethnologie. Er gründete 1870 die Anthropologische Gesellschaft in Wien, die er jahrzehntelang leitete.

Billroth, Christian Albert Theodor, Chirurg,
Bergen (Rügen) 1829–1894 Abbazia (Istrien)
Nach Studien in Göttingen, Greifswald und Berlin Promotion und Habilitation für Chirurgie und pathologische Anatomie. Er erhielt einen Lehrauftrag für Chirurgie in Zürich, später in Wien. Billroth beschäftigte sich mit den Ursachen des Wundfiebers und begründete die wissenschaftliche Chirurgie.

Brill, Alexander Wilhelm von, Mathematiker,
Darmstadt 1842–1935 Tübingen
Nach dem Studium in Karlsruhe und Gießen und Prüfungen in Architektur und Ingenieurswissenschaften wandte sich Brill der Mathematik zu. Habilitation in Gießen. Professor an der Polytechnischen Schule in Darmstadt, am Polytechnikum in München und an der Universität Tübingen.

Eimer, Theodor Gustav Heinrich, Zoologe,
Stäfa, Kanton Zürich 1843–1898 Tübingen
Nach dem Studium der Medizin und der Naturwissenschaften in Tübingen, Freiburg i. Br. und Berlin Promotion zum Dr. med (bei Virchow) und Dr. phil. (in Würzburg) und Habilitation für Zoologie. Professor am Polytechnikum in Darmstadt und Ordinarius für Zoologie in Tübingen. Als Gegner der Darwinschen Selektionstheorie führe Eimer das Variieren der Organismen nicht auf den Zufall, sondern auf Gesetzmäßigkeiten zurück.

Fraas, Oscar Friedrich von, Geologe,
Lorch (Württemberg) 1821–1897 Stuttgart
Nach dem Studium der Theologie sowie der Paläontologie und Geologie (bei Quenstedt) Pfarramtsexamen und Promotion für einen Vergleich des schwäbischen Jura mit dem französischen und englischen. Fraas war Pfarrer in Laufen a. d. Eyach, bevor er an das Naturalienkabinett in Stuttgart berufen wurde, dessen paläontologische Sammlung er begründete. Er erhielt den Professorentitel.

Friedrich I., Großherzog von Baden,
Karlsruhe 1826–1907 Schloß Mainau
Der Großherzog von Baden suchte die Annäherung an Preußen und gehörte zu den Anhängern Wilhelms I., während er für die Bismarcksche Politik kein Verständnis hatte. Der Großherzog ließ badische Truppen gegen Frankreich marschieren und war bei der Kaiserproklamation in Versailles dabei.

Froriep, August Friedrich von, Anatom,
Weimar 1849–1917 Tübingen
Nach der medizinischen Promotion in Leipzig war er Prosektor, danach Professor, Ordinarius und Direktor der anatomischen Anstalt in Tübingen.

Hauer, Franz Ritter von, Geologe,
Wien 1822–1899 ebenda
Nach naturwissenschaftlichen Studien in Wien und einer montanistischen Ausbildung an der Bergakademie Schemnitz begann er mit mineralogischen und später paläontologischen Vorlesungen am Montanistischen Museum in Wien. Hauer war Direktor der Geologischen Reichsanstalt.

Kowalewski, Sonja Wassiljewna, Mathematikerin,
Moskau 1850–1891 Stockholm
Nach dem Studium in Heidelberg und Privatunterricht bei dem Mathematiker Weierstraß in Berlin verlieh ihr die Universität Göttingen in absentia den Doktortitel. Nach der Geburt ihrer Tochter und dem Tod ihres Mannes in Moskau erhielt Sonja Kowalewski

eine Professur in Stockholm. Sie wurde mit dem Prix Bordin ausgezeichnet und in die Petersburger Akademie der Wissenschaften aufgenommen. Die Mathematikerin engagierte sich für die Frauenemanzipation in Rußland und betätigte sich literarisch. Sie hinterließ einige Romane.

Linden, Joseph Freiherr von, württembergischer Staatsmann,
Wetzlar 1804–1895 Hebsack b. Freiburg
Nach dem Studium der Rechtswissenschaft in Tübingen war Joseph von Linden Richter in verschiedenen Städten. Er bot dem württembergischen König Wilhelm I. im Revolutionsjahr 1848 seine Unterstützung an. Als Innen- und zeitweise Außenminister führte er mit Versammlungsverboten und Einschränkungen der Pressefreiheit in Württemberg die Restauration durch und versuchte, eine Revision der Verfassung zu erreichen. Er sorgte dafür, daß das Land Anschluß an die Industrialisierung erhielt und verhinderte durch seine Kontakte zu der Katholischen Kirche eine Kulturkampf in Württemberg.

Linden, Karl Graf von, Gründer des Stuttgarter Völkerkunde-Museums,
Ulm 1838–1910 Stuttgart
Nach Abschluß des Studiums und einigen Jahren im Justizdienst wechselte Karl von Linden in den Hofdienst über. Er trat dem »Württembergischen Verein für Handelsgeographie« bei und gründete ein »Museum für Länder- und Völkerkunde«. Karl von Linden sammelte völkerkundliche Objekte vor allem aus Afrika, der Südsee und Amerika, um die vom Verschwinden bedrohte Kultur der Naturvölker zu dokumentieren. 1911 eröffnete das nach seinem Erbauer benannte »Linden-Museum«.

Luise, Prinzessin von Preußen,
Berlin 1856–1923 Baden-Baden
Die Tochter des deutschen Kaisers Wilhelm I. heiratete den badischen Großherzog Friedrich I. Als Großherzogin von Baden widmete sie sich sozialen Aufgaben. Sie gründete den Badischen Frauenverein, der sich für die medizinische Versorgung der Bevöl-

kerung einsetzte und insbesondere Maßnahmen zur Bekämpfung der Tuberkulose ergriff sowie für die Mädchenbildung eintrat. Luise von Baden setzte sich für die Vermittlung höherer Schulbildung an Mädchen ein und gründete die Victoriaschule in Karlsruhe.

Quenstedt, Friedrich August, Geologe,
Eisleben 1809–1889 Tübingen
Nach dem Studium in Berlin wurde Quenstedt Professor für Mineralogie, Geologie und Paläontologie in Tübingen. Er arbeitete über Kristallographie und erforschte besonders die Versteinerungen und Gliederungen der schwäbischen Juraformationen.

Weber-Walz, Mathilde, Frauenrechtlerin,
Ellwangen 1829–1901 Tübingen
Neben ihrem sozialen Engagement setzte sich Mathilde Weber-Walz für die Rechte der Frauen ein. Sie gründete eine Frauenarbeitsschule, ein Frauenheim sowie den deutschen »Verein für Hausbeamtinnen«, der versuchte, die Arbeitsbedingungen der Hausangestellten zu erleichtern, und war an der Petition des »Allgemeinen Deutschen Frauenvereins« um Zulassung der Frauen zum Studium beteiligt. Sie war mit dem Rektor der Universität Tübingen verheiratet. Die Frauenrechtlerin schrieb Romane und Reiseerzählungen.

Abbildungsnachweise

Das Titelbild und die Aufnahmen auf den Seiten 26, 29, 88, 122, 127, 137 und 141 entstammen dem von Lindenschen Familienarchiv. Die Photographien auf S. 44 und 54 kommen aus dem Stadtarchiv Karlsruhe (Sign.: 8/PBS o XIV d, Nr. 86 und 8/PBS o I, Nr. 111). Das Porträt auf S. 124 gehört zum Bestand des Universitätsarchives Tübingen (Sign.: S 19/Weber). Allen Bildgebern sagt auch der Attempto Verlag herzlichen Dank.

Ottilie Wildermuth

Schwäbische Pfarrhäuser

Osiander

112 S. mit zahlreichen Abbildungen, Leinen, 19,80 DM